ɔhn Evans y Bala

Atgofion
John Evans
y Bala

Y Diwygiad Methodistaidd ym Meirionnydd a Môn

Golygwyd gan

Goronwy P. Owen

GOLEUNI Y BYWYD

Caernarfon:
Gwasg Pantycelyn
1997

Dymuna'r cyhoeddwyr gydnabod cymorth
Adrannau Cyngor Llyfrau Cymru.

ISBN 1 874786 62 3

Dymunaf gyflwyno'r llyfr hwn
er cof am

JOHN A MAY PRITCHARD
Pentre Duldog, Llidiardau,

JOHN WILLIAM PRITCHARD
(Jac Wil)
Tan-y-foel, Llanfor,
a
TEGID PRITCHARD
(Tex)
Henblas, y Bala.

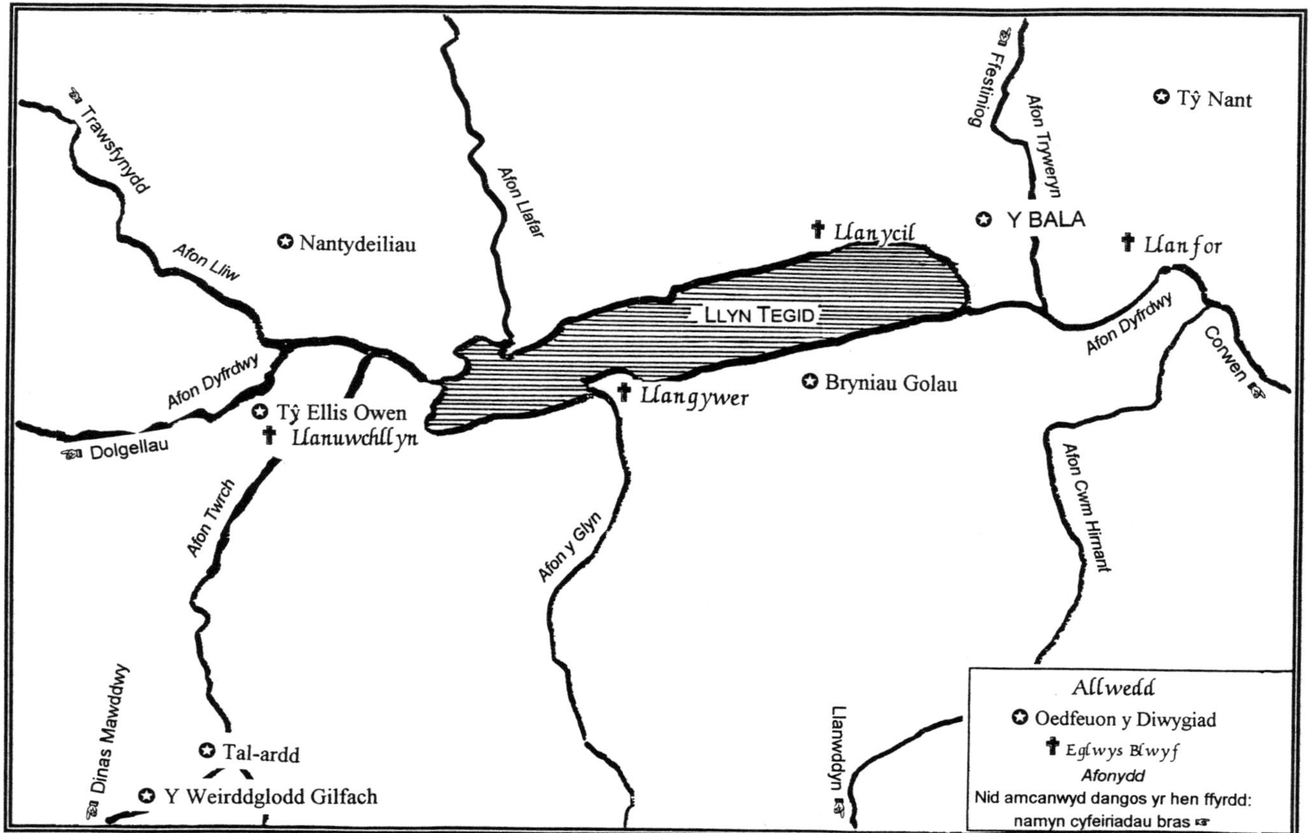

METHODISTIAETH GYNNAR PENLLYN

CYNNWYS

RHAGAIR

Amcan y llyfr hwn yw gosod gerbron y darllenydd ddwy ddogfen o waith John Evans y Bala. Byddaf yn manylu ar hanes John Evans ac ar y dogfennau eu hunain yn y Rhagarweiniad: digon yw dweud yn awr mai 'Coflyfr Cynulleidfa'r Methodistiaid yn Nhref y Bala' yw'r naill, ac mai 'Ymddiddanion rhwng *Scrutator* a *Senex*' (Thomas Charles a John Evans) yw'r llall. Yn y dogfennau hyn awn yn ôl at gychwyn Methodistiaeth nid yn unig yn y Bala, ond hefyd mewn rhannau eraill o Ogledd Cymru, ardaloedd megis Dolgellau, Abermaw, ac Ynys Môn. Yn Atodiad i'r ddwy ddogfen ychwanegais un o lythyrau Trefeca a ysgrifennwyd o Ddolgellau. Diben y Nodiadau yw gosod gymaint â phosib o'r personau a'r lleoedd a enwir yn y dogfennau yn eu cefndir priodol yn ogystal ag egluro ystyr ambell air neu gystrawen.

Y diweddar Barchedig Ddr Gomer M. Roberts a'm hanogodd i ymddiddori yn hanes a chyfraniad John Evans y Bala. Cymwynas â'n cenhedlaeth ni, yn ei farn ef, fyddai atgyfodi gweithgarwch llenyddol John Evans fel ffynhonnell hanesyddol a rhoi cyfle iddo gael ei ddarllen a'i werthfawrogi. Cefais innau'r hyfrydwch o draddodi darlith ar John Evans a'i waith mewn cynhadledd i weinidogion a drefnwyd ym Mryn-y-Groes, y Bala, gan Fudiad Efengylaidd Cymru ym mis Hydref 1986, a defnyddiais beth o sylwedd y ddarlith honno yn y Rhagarweiniad.

Yn ei Ragair i *Seiri Cenedl y Cymry* dywed Gwynfor Evans,[1]

> Anghofio ein rhagflaenwyr ddoe yw anghofio pwy ydym heddiw, a ffurf ar anghofio, meddir, yw marwolaeth... Mae anghofio ein hynafiaid neu anwybyddu eu hanes yn ffordd o ddinistrio'r genedl.

Nid oes angen ond cyfnewid y gair 'cenedl' yn y dyfyniad hwn i 'Cyfundeb' ac fe welwn bwysigrwydd darllen y dogfennau hyn. Yn fy marn i, un o'r ffactorau sy'n cyfrif am nychdod ysbrydol bywyd eglwysig ein cenhedlaeth ni yw'r ffaith ein bod mor barod i dorri'r rheffynnau sy'n ein cysylltu â hanes ac athrawiaeth ein Tadau. Ond trwy gael ein hatgoffa o'r hyn a wnaeth Duw yn ein plith yn y dyddiau gynt a chofio'r gwaith a gyflawnodd ein rhagflaenwyr dan amgylchiadau anodd y cawn nid yn unig ein herio â'r dasg sydd yn ein hwynebu heddiw, ond hefyd ein hysbrydoli i'w chyflawni. Hyderaf y bydd

[1] Gwasg Gomer, 1986.

yr hanes hwn yn codi hiraeth arnom am i'r Duw a nerthodd ein Tadau roi gweledigaeth a nerth dwyfol i ninnau i herio galluoedd adweithiol ein hoes fel y gwelir eto Efengyl y Bendigedig Dduw yn cael ei phregethu'n awdurdodol ac yn cael ei mawrhau yng Nghymru, gan adfer urddas ein heniaith fwyn drwy iddi gael ei defnyddio eto yn 'un o dafodieithoedd Duw.'

Swyddogaeth y Rhagarweiniad, fel yr awgrymais uchod, yw gosod y dogfennau yn eu cefndir priodol. I wneud hyn yr oedd angen edrych ar fywyd John Evans a'i gyfraniad i Fethodistiaeth gynnar, rhestru ei weithiau llenyddol, disgrifio'r ddwy ddogfen a'u dadansoddi, a phwysleisio rhai o'r themâu sy'n rhedeg drwyddynt. Ceisiais hefyd weld beth oedd cymhellion John Evans wrth iddo lenydda, gan ddod i'r casgliad fod argyhoeddiadau a phatrymau Beiblaidd yn lliwio'i holl feddwl, ac mai defnyddio'i dalent a wnaeth i hyrwyddo cenhadaeth fawr Methodistiaeth ei ddydd.

Yn wyneb y safbwynt pendant hwn o'i eiddo, y dasg olaf yr ymgymerwyd â hi yn y Rhagarweiniad oedd ceisio pwyso a mesur pa mor ddibynnol yw John Evans fel tyst o'r pethau a welodd ac a glywodd. Gan mai hanes ymweliadau Howel Harris â'r Bala oedd y tir mwyaf cyffredin rhwng y ddwy ddogfen, a bod modd edrych ar adroddiad Harris ei hun am yr ymweliadau hyn yn ei Ddyddiaduron, euthum ati i'w darllen yn fanwl. Os oes rhaid ymddiheuro dros feithder yr ymdriniaethau hyn, llediaf mai dyma'r tro cyntaf, hyd y gwn i, i hanes ymweliadau Harris â'r Bala gael eu cyhoeddi ar sail y Dyddiaduron. Bodloni ar y dyfyniadau o'r Dyddiaduron a gyhoeddwyd yn *Y Cylchgrawn Hanes* a wnaeth awduron *Capel Tegid y Bala, Dau-canmlwyddiant.* Er mor ddefnyddiol fel arweiniad cyffredinol i deithiau a gweithgareddau Harris yw'r trawsysgrifau hyn, tuedd y copïwr, y Parchedig Ddr D. E. Jenkins, Dinbych, oedd neidio dros dalpiau helaeth. Dangosir y bylchau hyn yn amlach na pheidio yn *Y Cylchgrawn Hanes* gyda rhes o ddotiau, [...], eithr ni wneir hyn gyda chysondeb, a hynny sy'n medru bod yn gamarweiniol.

Dymunaf ddiolch i nifer fawr o gyfeillion am eu cymorth parod. Yn gyntaf, diolchaf i staff amyneddgar y Llyfrgell Genedlaethol, yn arbennig Dr Rhidian Griffiths a Richard Lewis o Adran y Llyfrau Printiedig, Mary Davies, Barbara Davies, ac Ann T. Jones, y tair ohonynt yn eu tro wedi gofalu am Greirfa'r Methodistiaid Calfinaidd, ynghyd â Lona Mason o Adran y Darluniau a'r Mapiau. Bu'n dda imi wrth Archifdy Meirionnydd yn Nolgellau a chymorth parod Einion Wyn Thomas a Gwen Hough. Derbyniais gymwynasau lu gan amryw, megis John Meirion Davies a Geraint James, Coleg Normal, Bangor, Ifor Owen, Llanuwchllyn, Tom Roberts, Archifydd Llyfrgell Coleg Prifysgol Gogledd Cymru, Bangor, ac Alun Williams, Dolgellau, heb anghofio TalNet, sef Rhwydwaith Llyfryddol Gogledd-Orllewin Cymru. Bu'r Parchedigion Gordon Macdonald, Aberystwyth, a R. O. Jones, Melin-y-coed, garediced â rhoi benthyg llyfrau i mi, a hwyluswyd yr ymdrech i ddod o hyd i fedd John Evans drwy gymwynasgarwch y Parchedig Brian M. Griffith, Conwy, gynt o'r Bala. Hyfrydwch yw diolch i'r Parchedig J. E. Wynne Davies, Aberystwyth, Cadeirydd Cymdeithas Hanes y Methodistiaid Calfinaidd a Cheidwad y Greirfa, am ganiatáu defnyddio Dyddiaduron Howel Harris a chynnwys yma un o lythyrau o gasgliad Trefeca. Cefais lawer sgwrs fuddiol yn ogystal â chyfarwyddid a chefnogaeth gan yr Athro Emeritws Geraint Gruffydd, cyn Gyfarwyddwr y Ganolfan Uwchefrydiau Cymraeg a Cheltaidd, Aberystwyth, a E. Wyn James, o Adran y Gymraeg, Coleg Prifysgol Cymru, Caerdydd. Ar ôl dweud hyn i gyd, arnaf fi yn unig y gorwedd y cyfrifoldeb am unrhyw gamargraff neu gambwyslais a welir ar y tudalennau hyn.

Y mae angen diolch arbennig i Wasg Pantycelyn. Credaf mai'r Parchedig Harri Owain Jones, ysgrifennydd y Bwrdd Cyfathrebu a Llywydd-etholedig y Gymanfa Gyffredinol, oedd y cyntaf i awgrymu mai Gwasg Pantycelyn ddylai gyhoeddi'r gwaith. Disgynnodd pen trymaf y dasg o lywio'r llyfr trwy'r wasg ar ysgwyddau llydain R. Maldwyn Thomas, Swyddog Cyhoeddiadau'r wasg, a dymunaf ddiolch yn ddiffuant iddo am bob cefnogaeth ac anogaeth. Diolchaf hefyd i June Jones, Rheolwraig y wasg, i grefftwyr y wasg am bartneriaeth hapus a gwisg urddasol y gyfrol, ac i'r Prifathro Elfed ap Nefydd Roberts am ganiatâd i ddefnyddio portread Hugh Hughes o John Evans ar y clawr. Mae angen diolch am gydweithrediad y Cyngor Llyfrau Cymraeg ac am sylwadau buddiol y Panel Grantiau. Haelioni'r Panel hwn a wnaeth cyhoeddi'r gwaith yn bosibl.

Yn olaf, yr wyf am ddiolch am gefnogaeth gyson fy nheulu. Bu Siôn Illtud, fy mâb, o help sylweddol gan iddo fy nhywys drwy ddirgelion hanesyddiaeth, sef y ffordd y mae gwahanol awduron yn dehongli hanes. Bu Rhiell Elidir, fy merch, yn fwy na pharod i estyn imi gymwynasau di-ben-draw, yn arbennig ei chymorth proffesiynol fel llyfrgellydd er iddi fod yng nghanol y prysurdeb o drefnu ei phriodas. Diolchaf yn ddiffuant i Eirlys fy ngwraig am ei gofal diflino trwy'r amser y bu John Evans (a dau 'John' arall) yn rhannu ein cartref, yn ogystal â'm cynorthwyo i archwilio cofrestrau plwyf Llanycil a lleoli rhai o'r cartrefi ym Mhenllyn y bu Howel Harris yn aros ynddynt. Fel arwydd bychan o'm diolch dymunaf gyflwyno'r llyfr hwn i goffadwriaeth fy rhieni-yng-nghyfraith a'm dau frawd-yng-nghyfraith, y pedwar ohonynt mewn gwahanol ffyrdd wedi bod yn gynheiliaid ein diwylliant gwerin. Mae'r pedwar bellach yn gorwedd yn yr un fynwent â John Evans.

Goronwy P. Owen,

Mehefin 1997.

Byrfoddau

A.M.C.	Archifau'r Methodistiaid Calfinaidd a gedwir yn Ll.G.C.
BC	R.T. Jenkins, (Golygydd), *Y Bywgraffiadur Cymreig hyd 1940*, Llundain, 1953.
CH	*Cylchgrawn Cymdeithas Hanes y Methodistiaid Calfinaidd.*
CT	D. Francis Roberts a Rhiannon Francis Roberts, *Capel Tegid, y Bala, Dau-canmlwyddiant 1757-1957,* Y Bala, d.d.
DA	Robert Jones, Rhos-lan, *Drych yr Amseroedd,* Trefriw, 1820.
G	Edward Jones, Bangor, *Y Gymdeithasfa,* Caernarfon, 1891.
GPC	*Geiriadur Prifysgol Cymru,* Caerdydd, 1950 - ?.
HCHGLl	R.T. Jenkins, *Hanes Cynulleidfa Hen Gapel Llanuwchllyn,* Bala, 1937.
HMGC	Gomer Morgan Roberts, (Golygydd), *Hanes Methodistiaeth Galfinaidd Cymru,*Caernarfon, Cyfrol I, 1973; Cyfrol II, 1978.
Ll.G.C.	Llyfrgell Genedlaethol Cymru
LTCB	D.E. Jenkins, *The Life of the Rev. Thomas Charles B.A. of Bala,* Tair Cyfrol, Dinbych, 1908.
MC	John Hughes, Lerpwl, *Methodistiaeth Cymru,* Wrecsam, Cyfrol I. 1851, Cyfrol II. 1854, Cyfrol III, 1856.
MDM	William Williams, Glyndyfrdwy, *Methodistiaeth Dwyrain Meirionydd,* Bala, 1902.
MFM	William Griffith, Abergele, *Methodistiaeth Fore Môn,* Caernarfon, 1955.
MLlE	Goronwy P. Owen, *Methodistiaeth Llŷn ac Eifionydd,* Henaduriaeth Llŷn ac Eifionydd, 1978.
MM	John Pritchard, Amlwch, *Methodistiaeth Môn,* Amlwch, 1888.
t. / tt.	tudalen / tudalennau
WPC	Dafydd Wyn Wiliam, *Wiliam Prichard Cnwchdernog,* Llangefni, 1992.

RHAGARWEINIAD

1. Cronoleg Methodistiaeth Gynnar Penllyn

Unig amcan yr adran hon yw ceisio nodi blynyddoedd rhai o'r digwyddiadau sydd o bwys gyda golwg ar Fethodistiaeth gynnar Penllyn a Sir Fôn, yn y gobaith y bydd hynny'n gosod fframwaith hwylus i weddill y Rhagarweiniad.

1713	Geni Daniel Rowland
1714	Geni Howel Harris
1717	Geni Williams, Pantycelyn
1723	Geni John Evans yng Nglan yr Afon, ger Coed-poeth
1723	Geni Peter Williams yr Esboniwr
1731	Geni Thomas Foulkes, Bala a Machynlleth
1735	Tröedigaeth Howel Harris a dechrau'r Diwygiad yng Nghymru
1737	Oedfa Lewis Rees yn y Weirglodd Gilfach, Llanuwchllyn
1738	Sefydlu Ysgol Gylchynol yn y Bala
1739	Jenkin Morgan yn cadw ysgol yn Nantydeiliau, Llanuwchllyn
1740	Y cyntaf a'r ail o ymweliadau Harris â'r Bala
1741	Trydydd ymweliad Harris â'r Bala
1742	John Evans yn cyrraedd y Bala
1744	John Evans yn priodi Margaret Morris
1745	Tröedigaeth John Evans
1745	Sefydlu Seiat Fethodistaidd yn y Bala
1745	Geni Robert Jones, Rhos-lan
1747	Capel cyntaf y Bala
1747	Ymweliad cyntaf Harris â Môn
1748	Pedwerydd ymweliad Harris â'r Bala
1749	Pumed ymweliad Harris â'r Bala
1750	Yr Ymraniad rhwng Harris a Rowland
1752	Sefydlu 'Teulu Trefeca.'
1752	Geni Dafydd Cadwaladr
1753	Geni John Roberts, Llanllyfni a Llangwm
1755	Geni Thomas Charles
1756	Geni Simon Lloyd y Bala
1756	Geni Thomas Jones, Dinbych
1760	Sasiwn gyntaf y Bala
1762	Diwedd yr Ymraniad: Diwygiad Llangeitho
1765	John Evans yn dechrau pregethu

1770	Cyhoeddi *Beibl Peter Williams*
1773	Marw Howel Harris
1774	Geni John Elias
1782	Helaethu capel y Bala
1783	Priodas Thomas Charles a Sally Jones yn Llanycil
1787	Marw John Moses
1789	Cyhoeddi *Crynodeb o Egwyddorion Crefydd* Thomas Charles
1790	Marw'r Parchedig Daniel Rowland
1791	Marw'r Parchedig William Williams Pantycelyn
1791	Diarddel y Parchedig Peter Williams
1791	Diwygiad mawr y Bala
1792	Ail helaethu capel y Bala
1796	Marw'r Parchedig Peter Williams
1799	Dechrau cyhoeddi *Trysorfa Ysprydol*
1802	Marw Thomas Foulkes, Y Bala a Machynlleth
1803	Sefydlu Gwasg yn y Bala gan Robert Saunderson
1805	Sefydlu Cymdeithas y Beibl
1807	Marw Margaret, gwraig John Evans
1808	Dechrau cyhoeddi *Geiriadur Charles*
1809	Adeiladu capel newydd yn y Bala
1811	Yr Ordeinio cyntaf yn y Bala a Llandeilo Fawr
1811	Cyhoeddi *Rhodd Mam* John Parry, Caer
1814	Marw'r Parchedig Thomas Charles a'i wraig
1817	Marw John Evans
1820	Marw'r Parchedig Thomas Jones, Dinbych
1820	Cyhoeddi *Drych yr Amseroedd*, Robert Jones
1824	Cyhoeddi'r *Cyffes Ffydd*
1826	Cofrestru *Gweithred Gyfreithiol ... y Methodistiaid Calfinaidd Cymreig*
1829	Marw Robert Jones, Rhos-lan
1834	Marw'r Parchedig John Roberts, Llangwm
1834	Marw Dafydd Cadwaladr
1836	Marw'r Parchedig Simon Lloyd y Bala

2. Bywyd a safle John Evans

Bywgraffiad byr

Er mwyn deall a gwerthfawrogi unrhyw waith llenyddol mae'n rhaid yn gyntaf edrych arno yn ei gyd-destun hanesyddol, ac amcan y Rhagarweiniad hwn yw ceisio gosod John Evans yn ei gefndir yn hanes Cymru yn gyffredinol ac o fewn hanes y mudiad Methodistaidd yn arbennig.

Ganed ef ymhell o'r Bala a chyn bod sôn am Fethodistiaeth. Eithr treuliodd dri chwarter canrif yn y Bala ac erbyn daearu ei gorff hen ym mynwent Llanycil yr oedd Methodistiaeth wedi chwyldroi bywyd crefyddol a chymdeithasol Penllyn a Chymru gyfan. Pwysigrwydd yr atgofion a ddaeth o'i ysgrifbin yw'r ffaith eu bod yn byrlymu o galon un a oedd wedi byw trwy ganol y newid, ac, i raddau helaeth iawn, wedi cyfrannu tuag ato.

Yng Nglan yr Afon, plwyf Wrecsam, 30 Hydref 1723, yn fab i William Evans ac Ann ei wraig y ganed John Evans.[2] Pan oedd yn bedair oed symudodd y teulu i Adwy'r Clawdd. Arferai ei rieni dderbyn i'w tŷ y pregethwyr Methodistaidd arloesol a ddeuai ar eu taith i'r parthau hynny o Sir Ddinbych, y Parchedig Peter Williams yn eu plith. Ac ar dir y ddeuddyn hyn y codwyd capel Adwy'r Clawdd, Coed-poeth.

Ymddengys fod John Evans wedi derbyn gwell addysg na'r mwyafrif o'i gyfoeswyr. Erbyn ei fod rhwng naw a deg oed yr oedd yn gallu darllen y Beibl yn y Gymraeg a hefyd yn Saesneg. Yr oedd hefyd wedi dysgu ysgrifennu a rhifo. Mewn gair, yr oedd sylfeini addysg wedi'u gosod yn gynnar yn ei fywyd. Ond, addysg neu beidio, troi allan i ennill ei damaid fu hanes John Evans wedyn. Ac yntau'n ddeuddeg oed fe'i prentisiwyd yn wehydd am gyfnod o dair blynedd. Pan ddarfu'r cyfnod hwnnw, ac yntau bellach yn bymtheg oed, daeth awydd arno am antur drwy ymuno â'r fyddin ond fe'i rhwystrwyd rhag y bwriad hwn gan ei ymlyniad wrth ei fam.

Cyfnod o ansefydlogrwydd fu'r blynyddoedd nesaf yn ei hanes. Bu'n gweithio am gyfnod ym mhyllau plwm y Mwynglawdd, Sir y Fflint. Pan oedd yno datblygodd ymrafael rhwng gŵr ei lety â chymydog.

---

[2] Am lawer o'r manylion sy'n dilyn yr wyf yn ddyledus i'r *BC* a Gildas Tibbott, 'John Evans y Bala,' *CH.* XLVI, (1961), tt. 26 - 35, 53 - 60, a'r ffynonellau a enwir yno.

Aethpwyd â'r achos i lys barn, a galwyd ar John Evans i dystio ar ei lw. Ni theimlai yntau y gallai wneud y fath beth, a phenderfynodd ffoi mor bell ag y medrai o Sir y Fflint. Clywsai fod gweithfeydd plwm yn cael eu hagor yn Sir Aberteifi a phenderfynodd gyrchu tuag yno. Yr oedd ganddo un anfantais fawr, fodd bynnag, ni wyddai lle oedd Sir Aberteifi. Y cwbl a wyddai oedd mai trwy'r Bala yr oedd mynd yno o Sir y Fflint.

Dyma sut a phaham a pha bryd y daeth John Evans i'r Bala. Fin nos ydoedd, a hithau'n nos Sul ym mis Mai 1742. Aethai'n rhy hwyr i deithio ymhellach. Holodd tybed a oedd yn y dref honno wehyddion, gwŷr yn dilyn ei hen grefft. Byddai'n debygol o gael llety gan un o'r rhain a gallai weithio iddo drannoeth i dalu am ei le.[3] Cyfeiriwyd ef i dŷ Edward William, tŷ a safai'n agos iawn i'r fan lle saif y Plas Coch heddiw. Hwn oedd y tŷ y digwyddai Methodistiaid dirmygedig y Bala ymgynnull ynddo.

Wrth i'r misoedd nesaf lithro heibio ymserchodd John Evans ym merch Morys ap Rhobert, Tyn Llidiart, Llanuwchllyn, un o Ymneilltuwyr Penllyn, geneth o'r enw Margaret, ac ymhen dwy flynedd, sef ar 5 Mehefin 1744, fe'u priodwyd yn eglwys Llanycil.[4] Ymgartrefodd John Evans o fewn dau neu dri drws i Blas-yn-Dre ar Stryd Fawr y Bala, ac yno y dechreuodd fagu teulu lluosog o dri mab a phedair merch, er i bedwar o'r saith farw yn eu babandod. Bu fyw dri chwarter canrif yn y Bala, ac nid oes sôn ond am un tro iddo feddwl ymadael, a'r syniad o ymfudo i'r America oedd hwnnw, gyda Richard Jones, Llanrwst, yn was iddo.[5]

Yn ystod ei flynyddoedd yn y Bala bu John Evans fyw trwy lafur ei ddwylo gan ddilyn tair galwedigaeth. Y gyntaf oedd ei hen grefft fel gwehydd. Yn nhref ei fabwysiad y dysgodd ei ail grefft, sef rhwymo llyfrau. Cyn diwedd ei yrfa ymaflodd yng nghrefft y canhwyllwr nes iddo droi naw deg oed. Yna, dywedir wrthym, cafodd ei gynnal drwy haelioni ei frodyr ym Meirionnydd. Ei brif nodweddion corfforol oedd

---

[3] Cyfeirir at bwysigrwydd y diwydiant gwlân i economi'r Bala gan Gwen Emyr, *Sally Jones, Rhodd Duw i Charles,* Pen-y-bont ar Ogwr, 1996, tt. 14-15 ynghyd â'r troednodiadau.

[4] Adysgrifau'r Esgób o blwyf Llanycil, Ll.G.C.

[5] *CH,* XII.3 (Medi 1927).

ei daldra a'i gryfder. Ef oedd y dyn talaf yn y Bala a'r cyffiniau ac ym mlodau ei ddyddiau fe gerddai ddeugain milltir ar y Sul. A barnu oddi wrth y portread ohono a gyhoeddwyd yn y drydedd gyfrol o'r hen *Trysorfa,*[6] nid oedd ei wynepryd ymhlith y tecaf o feibion dynion. Eithr dylid cofio tri pheth: yr oedd John Evans yn agos at naw deg oed pan dynnwyd y llun gwreiddiol, nid yw'r wyneb yn y llun gwreiddiol a baentiodd Hugh Hughes mor ysgythrog â'r copi ohono a gyhoeddwyd, a'i fod yn dwyn ar ei wyneb nodau'r erledigaeth a ddioddefodd oherwydd ei weithgarwch a'i argyhoeddiadau Methodistaidd. 'Yr oedd ei glefyd olaf, mewn gradd mawr, yn ei ben,' meddai ei Gofiannydd,[7] 'yr hyn a ddyrysodd ei synhwyrau, mewn rhan; etto yr oedd yn dawel ac yn llon, heb fawr neu ddim poen corphorol, hyd y diwedd.' Bu farw 12 Awst 1817, ddwy flynedd yn ieuengach na'r 96 oed a gerfiwyd ar garreg ei fedd.

Yn y Bala daeth ennill arall i ran John Evans. Yno yr enillwyd ei serchiadau gan yr Efengyl. Yn y dref honno yr enillodd Grist a phenderfynu derbyn ei ddirmyg a'i groes. Dechreuasai gras Duw weithio ar enaid mawr John Evans beth amser cyn hynny. Buasai'n darllen rhai pregethau buddiol.[8] Ond yr oedd y gwmnïaeth Fethodistaidd a gynullai yn nhŷ Edward William ei feistr yn allweddol. Ar ben hynny yr oedd ei wraig, Margaret, yn un o aelodau cyntaf y seiat Fethodistaidd yn y Bala. Fe'i hudwyd yntau i wrando ar rai o bregethwyr Ymneilltuol Llanuwchllyn, ac yn sicr buont yn foddion i fraenaru'r tir. Yna daeth yr awr dyngedfennol i'w ran, ac yn nhŷ Edward William y bu honno. Gŵyl y Sulgwyn oedd hi, a'r flwyddyn oedd 1745. Mae'n dechrau sôn am yr oedfa hon yn ei Hunangofiant. Yn sydyn ac yn annisgwyl 'daeth amlygrwydd eglur poenus ...' Ond yn anffodus, mae'r Hunangofiant yn darfod yn swta gyda'r geiriau hyn. Wrth adrodd ei brofiad flynyddoedd yn ddiweddarach mae'n sôn am yr oedfa honno, fod y gair wedi cyrraedd i'r byw fel bwled ac wedi gadael effeithiau parhaol ar ei enaid.

---

[6] Am hanes y darlun gweler John Morgan Jones a William Morgan, *Y Tadau Methodistaidd* Cyfrol II, Abertawe, 1897, t. 33.

[7] *Trysorfa,* III, t. 101.

[8] Yn *Trysorfa,* III, t. 68, enwir *Saith Bregeth Mr. Robert Russel.*

Dylanwad a safle

Nid mawredd corfforol yn unig a berthynai i John Evans. Yr oedd yn fawr o fewn y seiat (ac eglwys) y Bala, yr oedd yn fawr yng ngolwg ei gyfoeswyr. Yr oedd yn fawr ei ddylanwad yn y Sasiwn ac yn y byd Methodistaidd yn gyffredinol.

Daw enghraifft gynnar o'r dylanwad hwn i'r golwg mor gynnar â chanol y pum degau. Bu un o'i gymdogion, Simon Lloyd o Blas-yn-dre, y Bala, ar ymweliad â Threfeca a syrthio mewn cariad â mamaeth y teulu, Sarah Bowen. Priodwyd Simon a Sarah yn eglwys Talgarth ym mis Awst 1755, ond bu gwrthwynebiad chwyrn o du'r Teulu, onid o gyfeiriad Howel Harris ei hunan, i adfer i Sarah yr arian a roddasai i'r Teulu. John Evans a ddaeth i'r adwy. Teithiodd bob cam o'r Bala i Drefeca a thrwy ei ddylanwad ef fe adfeddiannodd Sarah ei hetifeddiaeth.[9]

Cynhaliwyd Sasiwn yng Nghastellnewydd Emlyn ym mis Hydref 1764. Ymddengys nad oedd pawb yn cyd-weld ar leoliad y Sasiwn nesaf ac awgrymodd rhai Cynghorwyr a wrthwynebai Sefydliad Harris yn Nhrefeca y dylid rhoi'r penderfyniad yn nwylo John Evans ac un brawd arall o'r Gogledd. Nid oedd John Evans wedi dechrau pregethu eto. Erbyn 1770 yr oedd rhwygiadau'r Ymraniad wedi'u hanghofio a Harris yn llais awdurdodol yn y Sasiwn drachefn. Ond yn Abergwaun yn Chwefror o'r flwyddyn honno ni chafodd ei ffordd. Mynnai ef mai yn Nhrefeca y dylid cynnal y Sasiwn nesaf. Gwrthwynebwyd ef gan John Evans a faentumiai y dylai'r Sasiwn ymweld â'r Bala. A John Evans a orfu.[10]

Yr oedd John Evans yn byw yn y Bala flynyddoedd lawer cyn geni Thomas Charles, ond er y gwahaniaeth mawr hwn yn eu hoedran daethant yn gyfeillion mynwesol pan ymsefydlodd Charles yn y Bala, onid cyn hynny. Mor fuan â 1779 ysgrifenna Charles at ei gyfaill o ddyddiau coleg, Simon Lloyd, (mab y Simon Lloyd y bu gan John Evans ran yn nhrefniadau'i briodas), lle mae'n cofio'n gynnes ac yn

---

[9] *HMCG*, Cyfrol 1, t. 361.

[10] Edward Thomas, 'John Evans o'r Bala,' *Y Traethodydd*, 1924, t. 242-43.

gariadus at y teulu, 'and honest John Evans.'[11] Cadwyd pedwar o'r llythyrau a anfonwyd gan William Williams, Pantycelyn, at Thomas Charles, gan gynnwys y llythyr enwog hwnnw a ysgrifennodd y Pêr Ganiedydd ddeng niwrnod cyn marw. Mae'n anfon ei gofion at John Evans. 'Cofiwch fi at .... John Evans a phawb o'r brodyr a'r chwiorydd,...'[12] Ym mis Awst 1791 yr oedd Charles yn Llundain ac wrth ysgrifennu at John Evans mae'n diolch iddo am y sylw caredig a rydd i Sally ei wraig yn ystod ei absenoldeb.

Ysgrifennodd dwy wraig o gryn statws cymdeithasol at Thomas Charles gan gyfeirio gydag anwyldeb tuag at y gwehydd a'r ffoadur a droesai'n ganhwyllwr yn y Bala. Meddai'r Iarlles Huntingdon mewn ôl nodyn ar waelod llythyr a ysgrifennwyd ym Mehefin 1789,[13]

> Most kind service to honest John Evans.

A'r ail yw'r Arglwyddes Ann Agnes Erskine a ysgrifennodd ddiwedd Mai 1794 at Thomas Charles,[14]

> I Hope the work goes on well at Bala and my old Friend John Evans is in Good health of soul and body, Remember me very kindly to him.

Gwelwyd bod John Evans yn ddylanwad o bwys yn y Sasiwn hyd yn oed yn nyddiau Harris. Erbyn diwedd y ganrif gydag Harris, Rowland, a Williams, bellach yn eu beddau, yr oedd cyfrifoldeb mawr ar ei ysgwyddau. Yn Llanidloes, Ebrill 1791,

> Cytunwyd yn yr Assosiation i Mr Charles a John Evans or Bala fyned i Assosiation Llandeilo fawr yn mis Mai nesaf i ymgynghori a Brodyr y Deheubarth ynghylch Barn Mr Peter Williams ynghylch y Drindod o Bersonau, ac ynghylch eu waith yn newid geirieu yn y Biblau bach diweddar a argraphodd efe, mewn trefn i Benderfynu yn Assosiation ganlynol y Bala beth sydd iw wneud yn yr achos hwnw.[15]

Yng nghanol helyntion diarddeliad Edward Jones yn Llundain ym mlynyddoedd cynnar y ganrif newydd, pwysai'r Sasiwn yn drwm ar y parch a'r edmygedd a deimlid yn gyffredinol tuag at John Evans a

---

[11] D. E. Jenkins, *LTCB*, I, t. 132.

[12] Gomer M. Roberts, *Y Pêr Ganiedydd [Pantycelyn]*, Cyfrol I, t. 173.

[13] *LTCB*, II, t. 43.

[14] *LTCB*, II, t. 133.

[15] Llsgr LlGC Thomas Charles Edwards 8823.

deisyfwyd arno ef ynghyd â Thomas Charles, unwaith eto, i ymweld â'r eglwys yno i geisio lleddfu peth ar yr anghydfod.[16]

Mae'n ymddangos fod a wnelo berw'r Diwygiad cyffroes a gafwyd yn Llangeitho yn 1762 â dechreuadau gyrfa John Evans fel pregethwr. Byddai'n teithio Cymru gyfan a dywedwyd amdano mai ef oedd y pregethwr Methodistaidd cyntaf a gynhyrchodd Gwynedd y gellid dweud amdano ei fod yn enwog trwy holl Gymru.[17] Yn Llŷn gwrandawodd Daniel Jones, mab Robert Jones, Rhos-lan, arno yn pregethu yn Edern ar 15 Gorffennaf 1790 yn y prynhawn, a thrachefn yn y Lôn Fudr (Dinas) yn yr hwyr, a thrannoeth am hanner dydd yn y Tŷ Mawr.[18] Taer ddymunai James Bowen, Sir Benfro, ar i John Evans ymweld â'i ardal ef yng ngwanwyn 1795.[19]

Yr oedd gair uchel i John Evans fel pregethwr,[20]

> Yn ei ddull o bregethu, yr oedd yn amcanu goleuo deall ei wrandawyr am eu cyflwr colledig wrth natur, a'r drefn o achubiaeth trwy Grist croeshoeliedig, gan geisio argyhoeddi eu cydwybodau, yn hytrach na thanio eu serchiadau. Yr oedd yn bregethwr pwyllog, arafaidd, sylweddol, a synhwyrol, yn cadw ar ganol llwybr y gwirionedd, gan ochelyd dychymmygion disail, yn cadw ffurf yr ymadroddion iachus, ac yn eu traddodi gyda mawr symlrwydd, a gradd o fywiogrwydd, mewn geiriau gweddus a chymmeradwy, yn ei lais naturiol ei hun.

Rhoddodd Thomas Charles gyfle i John Evans i fynegi ei wir amcanion wrth bregethu.[21] Dylai pregethwyr amcanu'n gyntaf, meddai, 'at oleuo deall y bobl fyddo'n gwrando.' Yn ail, dylent amcanu 'at ddeffro eu cydwybod euog a chysglyd.' Dylai pob pregeth 'ennill eu serchiadau i garu Crist a'r trysorau sydd yn yr Efengyl ar gyfer pechaduriaid euog ac andwyol.' A'r amcan olaf, meddai, oedd 'fod eich

---

[16] Gomer M. Roberts, *Y Ddinas Gadarn: Hanes Eglwys Jewin, Llundain,* Llundain, 1974, t. 33.

[17] John Morgan Jones a William Morgan, *Y Tadau Methodistaidd,* Cyfrol II, Abertawe, 1897, t. 20

[18] *MLlE*, tt. 125-126.

[19] *LTCB*, II, t. 147.

[20] *Trysorfa:* Llyfr III, tt. 98 - 99.

[21] 'Dywediadau Synhwyrlawn a chynhwysfawr y diweddar Mr John Evans o'r Bala,' *Y Drysorfa,* 1837, tt. 74-76.

holl bregethau yn anogaethol i sancteiddrwydd buchedd ac ymarweddiad dichlynaidd a Christionogol yn y byd. Pregethwch ffydd a'i ffrwythau sanctaidd.'

Ategir yr amcanion hyn yn y cyngor a roddodd i John Bryan pan oedd y gŵr hwnnw ar fin gadael y Bala,[22]

> Pregethwch â'ch holl nerth yn erbyn annuwioldeb yr oes, a pheidiwch â phregethu yn ddadleugar; pregethwch ailenedigaeth; 'does dim nefoedd i Galfin nac Armin heb ei aileni; pregethwch yr athrawiaeth hon tra y byddwch byw, ac yn mhob lle yr eloch iddo.

Syniai Sally Jones, a ddaeth yn ddiweddarach yn wraig i Thomas Charles, yn uchel amdano fel pregethwr. Yn 1782 a hithau'n paratoi ar gyfer Ffair Corwen Fawrth, ysgrifennodd at ei chariad,[23]

> I have heard Mr Evans Preach Some time Since on the words in Isaiah, Pwy yw hwn Sydd yn dyfod I fyny O Edom Yn Goch Ei ddillad o Bozra Yn ymdaith yn amlder Ei rym &c.; I never heard the Captain of our Salvation set out more lovely than at that time, as overcoming all for his People, Going under infinite wrath, and tho' a world of Temptation where every other had been Soiled Etto Ef yn hardd yn ei wisg yn ymdaith yn amlder Ei rym. But I can tell nothing at all of it with any of the Beauty that was then upon it, I only mention Something of it as it occured to my mind.

Yr oedd Thomas wrth ei fodd yn derbyn y llythyr hwn oddi wrth Sally a chyn diwedd y mis ysgrifennodd ati i ddatgan ei werthfawrogiad o'i sylwadau ar bregethu John Evans.[24]

> I thank you for your pertinent pious and just reflections in the beginning of y^{r} Letter, and also for ye account of Dear J$^{n.}$ Evans Ser$^{n.}$ both of them were not unedifying. I Sh^{d} have heard J^{n}'s Sermon wth no small pleasure, for I know no one whom I co^{d} hear wth more *real* profit and satisfaction next to y^{e} great Rowlands himself. remember me as kindly as you please to him, you cannot exceed my regard for him.

Dyna deyrnged yn wir pan gofiwn yr ystyrid mai Daniel Rowland oedd y pregethwr mwyaf a welodd cyfandir Ewrop.[25]

Yr oedd 1811 yn garreg filltir bwysig yn hanes y Methodistiaid. Dyna'r flwyddyn yr ordeiniwyd wyth o'u pregethwyr yn y Bala a thri ar

---

[22] William Davies, *John Bryan a'i Amserau*, Bangor, 1900, t. 46.

[23] *LTCB*, II, t. 329.

[24] *LTCB*, t. 335.

[25] Dyfynnir y farn hon gan Eifion Evans, *Daniel Rowland and the Great Evangelical Awakening in Wales*, Caeredin, 1985, t. 1.

ddeg yn Llandeilo Fawr i gyflawn waith y weinidogaeth. Nid ymddengys enw John Evans yn rhestr y Bala oherwydd teimlai erbyn hynny, ac yntau'n saith a phedwar ugain oed, ei fod yn rhy hen. Eithr gofalodd ei gyfaill, Thomas Charles, am le anrhydeddus iddo yn y gwasanaeth. Meddai'r hanes yn y *Cyffes Ffydd,*[26]

> Yn gyntaf, y gwr hynaf a pharchediccaf yn y Corph, John Evans o'r Bala, a ddarllenodd 1 *Tim.* 3. ac wrth ei darllen a wnaeth ychydig sylwadau addas a syml ar y cynneddfau gofynol yn ngweinidogion yr efengyl yn y bennod honno; ac wedi iddo ddarfod darllen, gweddiodd ar yr achos, yn syml ac yn addas iawn.

Wrth ddarllen y 'Coflyfr' a'r 'Ymddiddanion' mae'n amlwg y byddwn yng nghwmni ac yng nghymdeithas un o gymeriadau allweddol Methodistiaeth gynnar y Bala, onid yn wir, holl Wynedd a Chymru gyfan, gŵr y rhoddodd Robert Jones, Rhos-lan, y deyrnged hon iddo,[27]

> Am John Evans, o'r Bala, gellir dywedyd: Wele Israeliad yn wir, yn yr hwn nid oes twyll. Yr ydoedd yn gadarn yn athrawiaeth yr efengyl, yn gyfiawn yn ei fasnach, yn harddwch i'w broffes, ac yn gyfaill calon i achos Duw.

---

[26] *Cyffes Ffydd, y Corph o Fethodistiaid Calfinaidd, yn Nghymru,* Bala, 1824, tt. 31-32.

[27] *DA*, t. 177.

3. Gweithiau Llenyddol

Er mai fel pregethwr a chyfundrefnwr o weledigaeth eglur yr ystyrir John Evans yn bennaf, (ef a ddyfeisiodd y 'casgliad dimai,' sef cyfraniad gan bob aelod o bob seiat o ddimai bob wythnos at godi capeli newydd a thalu dyledion y rhai a adeiladwyd eisoes) y mae'n werth rhestru ei ymdrechion llenyddol.

1. *Y Prif feddyginiaeth, sef, physygwriaeth yr oesoedd gynt; neu Ffordd hawdd a* NATURIOL *i Iachau y rhann fwyaf o Glefydau.* Wedi ei Cyfieuthu i'r *Gymraeg* allan o'r pumed Argraphiad yn Saesoneg, er lles i'r CYMRU, Argraphwyd yn y Mwythig ac ar werth yno gan Stafford Prys Gwerthwr Llyfrau, 1759.

   Cyfieithiad yw hwn o Wesley's *Primitive Phisick.* Llyfryn o 104 tudalen ac ynddo enwir 250 o afiechydon neu anhwylderau, a rhestrir 751 o gynghorion i'w gwella. Cafwyd ail argraffiad yng Nghaerfyrddin, 1810, a thrydydd yng Nghaernarfon tua 1820. [*Libri Waliae* Rhifau 5135-37.]

2. *Natur bwriad a cyffredin rheolau y Cymdeithasai unedig yn Llyndain, Bristol, Kingswood, &c. Wedi ei gyfiaethu allan or chweched argraphiad yn Saesonaeg, er lles ir Cymru,* Argraphwyd yn y Bala gan John Rowland yn y flwyddyn, 1761.

   16 o dudalennau. Cyfieithiad eto o reolau cymdeithasau'r Methodistiaid Wesleaidd er mwyn iddynt fod yn batrwm ar gyfer y Methodistiaid Calfinaidd yng Nghymru. [*Libri Waliae* Rhif 5142].

3. *Byrr Hanes am Fywyd a Marwolaeth Nathaniel Othen, yr hwn a saethwyd i farwolaeth y'nghastell Dover, y 26 o Hydref, 1757.* A gyfieithwyd gan John Evans. Bala. Argraphwyd yn y Bala gan John Rowland, 1761.

   Llyfryn o 12 tudalen. Cyfieithiad eto o waith John Wesley. [*Libri Waliae* Rhif 5125].

4. *Yr Ammodau ar ba rai y mae'r heddwch presenol rhwng Lloegr Portugal, Ffrainc, a Spaen yn cael ei sefydlu ynghyd ac eglurhad ar bob ammod.* Gan J.E. [by J. Evans]. Argraphwyd yn y Bala gan J. R. [i.e. John Rowland] ac ar werth yno gan J. Evans a J. Griffiths, [1763]

   [*Libri Waliae* Rhif 1956].

5. 'Hanes y llif mawr, Cynllwyd a Llanuwchllyn, 20 Medi 1781.' *Shrewsbury Chronicle*. Adargraffwyd yn Thomas Pennant, *Tours in Wales,* Caernarfon, 1883, Cyf. II, tt. 217-18.

Yn un o'i llythyrau at Thomas Charles mae Sally Jones yn cymharu dau adroddiad a welsai am y llif mawr yn Llanuwchllyn. Awdur y naill oedd y Parchedig Benjamin Evans, a fuasai'n weinidog ar yr Hen Gapel, Llanuwchllyn, ac awdur y llall oedd John Evans. Dyma sydd ganddi i'w ddweud, 'Mr. [Benjamin] Evans that was at Llanywchllyn came there on a Visit to the Congregation in the Day after, and wrote an acct. that may Please the curoius and Sent it to be published in the General Evening Post if you have not the Paper I have a Copy of his Letter which I may Send you, the following I had of John Evans. It is shorter and more comprehensible in my opinion than that Mr Evans wrote.'[28]

6. 'Ymddiddanion rhwng Scrutator a Senex,' *Trysorfa Ysprydol,* 1799-1813.

Saith o 'Ymddiddanion' gyda Thomas Charles yn olrhain hanes y Diwygiad Methodistaidd mewn ardaloedd yng Ngogledd Cymru. Ail ymddangosodd ar ffurf llyfryn a gyhoeddwyd gan Evan Jones, Machynlleth, 1885.

7. 'Cofiant byrr am JOHN EVANS, o'r Bala, a hunodd yn yr Arglwydd Awst 12, 1817.' *Trysorfa:* Cyhoeddwyd tan Olygiad Y Parchedig Simon Lloyd, B.A., Llyfr III, Bala, 1822, tt. 65 - 70, a tt. 97 - 101.

Nyddwyd ei Hunangofiant i'r ysgrifau hyn a dyna pryd y cyhoeddwyd y darlun adnabyddus o John Evans ag yntau'n 90 oed, darlun a wnaed gan Hugh Hughes, brodor o Lansantffraid Glan Conwy, mab yng nghyfraith y Parchedig Dafydd Charles, Caerfyrddin. Cartrefa'r portread gwreiddiol ar barwydydd Y Coleg Diwinyddol, Aberystwyth.

8. 'Dechreuad Methodistiaeth yn y Bala.' *Y Geiniogwerth,* 1848, tt. 29-31, 75-77.

'Côf-lyfr cynlleidfa'r Methodistiaid yn Nhref y Bala.' Llsgr. Ll.G.C., Casgliad Thomas Charles Edwards, rhif 8822.

9. 'Dywediadau Synhwyrlawn a chynhwysfawr y diweddar Mr John Evans o'r Bala.' *Y Drysorfa*, 1837, tt.74-76.

---

[28] *LTCB*, I, t. 276.

Ymddengys mai dyma ffynhonnell y llu dywediadau bachog a briodolir i John Evans ac sy'n ddarlun amhrisiadwy o'i arabedd a'i ysbrydoledd.

O dremio'n frysiog dros y rhestr hon gwelir mai cyfieithiadau o waith John Wesley yw'r tri llyfr cyntaf. Ymddengys fod yma ymdrech i gyflawni anghenion ymarferol Methodistiaeth Cymru yn ei babandod, gan edrych dros y ffin tua Lloegr ac addasu'r llyfrau a'r patrymau a welodd John Evans ym mysg y Methodistiaid Wesleaidd yno. Wrth geisio meddwl paham y bu i'r Calfin hwn o Gymro droi at Wesle am ei ddeunydd cynharaf, nid oes bellach ond awgrymu dau bosibilrwydd. Yn gyntaf, tybed pa ddylanwad a gafwyd arno gan ei gyfaill a'i gydweithiwr, Thomas Foulkes, oblegid dan weinidogaeth John Wesley y profodd ef dröedigaeth.[29] Yn ail, yr oedd llawer o gydweithio rhwng y methodistiaid ('m' fach gan fod Jenkin Morgan yr Annibynnwr yn eu plith) Cymreig yn y Gogledd (Sir Fôn yn arbennig) a'r Wesleaid, ac nad oedd y bwlch athrawiaethol rhwng y ddwy garfan wedi pegynu yn nhrydydd chwarter y ddeunawfed ganrif i'r graddau y gwnaeth ar ddechrau'r bedwaredd ganrif ar bymtheg. Y mae dau o'r llyfrynnau gyda'r cynharaf a argraffwyd yn y Bala. Cynhwysir dwy o'r eitemau eraill yn y llyfr hwn.

[29] Awgryma R.T. Jenkins yn ei erthygl ar John Evans yn *BC* mai Thomas Foulkes a dalodd am eu cyhoeddi.

4. Disgrifio'r dogfennau

Cyflwynir yma ddau o'r gweithiau a restrwyd uchod sef rhif 8, 'Coflyfr Cynulleidfa'r Methodistiaid yn Nhref y Bala' a rhif 6, 'Ymddiddanion rhwng *Scrutator* a *Senex*.' At hyn ychwanegwyd Atodiad sy'n cynnwys un o lythyrau Trefeca.

Y 'Coflyfr'

Dyma ddisgrifiad diweddar o'r 'Coflyfr',

> Yn y Llyfrgell Genedlaethol yn Aberystwyth y mae `Côf-Lyfr cynlleidfa'r Methodistiaid yn Nhref y Bala,' llawysgrif ac ynddi'n ysgrifenedig hanes yr achos am y blynyddoedd 1740-1752. Ceir 12 tudalen mewn llaw dlos, ysgrifen John Evans ei hun ond odid [er na ellir bod yn sicr ynglŷn â hyn er bod ei enw ef ar glawr y llyfr], ac yna dwy ddalen mewn llaw arall, gyda nodiad neu ddau gan drydydd person. Rhoddwyd cynnwys y cof-lyfr yn *Y Geiniogwerth* am 1849 (tt. 29-31, 75-7), er na chopïwyd ef yn hollol fanwl o ran yr orgraff a ffurf yr enwau, ac y mae'n amlwg mai fel cof-lyfr John Evans yr ystyrid ef yr adeg honno.[30]

Dylid ychwanegu mai un o Gasgliad Thomas Charles Edwards o lawysgrifau yw hon, Rhif 8822, a'i bod mewn llyfr nodiadau go drwchus, ac er na ddefnyddiwyd ond deuddeg tudalen ohono mae'r meingefn wedi'i rwymo â lledr. Mae'r tudalennau yn mesur 32 cm o hyd wrth 21 cm o led. Mae llofnod John Evans nid yn unig ar glawr allanol y llyfr (fel y soniwyd uchod), ond mae hefyd i'w weld ar y tu mewn i'r clawr. Y mae golwg urddasol a threfnus ar y tudalennau. Y mae ymyl llydan o 5 cm ar ochr chwith pob tudalen, ac ynddo nodir y flwyddyn dan sylw.

Byddai'n dda gwybod paham y mynegwyd peth petruster rhwng cromfachau gyda golwg ar berchen y llaw a'i hysgrifennodd. Mae'n wir fod peth newid i'w weld ar dudalen 11. Mae'r inc yn dywyllach a blaen y gwilsen yn deneuach, ond yn sicr yr un yw'r llaw. Ond wrth gymharu'r llaw a ysgrifennodd y ddogfen hon â chynnwys Llawysgrif 8823 yn yr un casgliad, sef cyfrifon John Evans o gasgliadau a thaliadau a wnaed yn Sasiynau'r Gogledd rhwng 1780 a 1797 ar gyfer adeiladu capeli newydd, daw'n amlwg ddigon mai'r un llaw sydd ar waith. Y mae'r modd penodol y mae nifer o'r llythrennau, yn arbennig 'C,' 'D,' 'E,' 'Ll,' 'M,' 'P,' 'R,' a 'T' o blith y priflythrennau, a 'd,' 'g,' ac 'y'

---

[30] *CT*, t. 1.

ymhlith y llythrennau llai, yn cael eu ffurfio yn gwbl gyson yn y ddwy ddogfen. Ar ben hynny gellir cymharu llofnod John Evans sy'n digwydd ddwywaith yn y 'Coflyfr' â'i lofnod fel tyst ar ewyllys rhai o'i gyfeillion megis William Evans, y Fedw Arian,[31] a chanfod mai'r un llaw ydyw.

Dechreua'r 'Coflyfr,' sy'n ddogfen o ryw ddwy fil a hanner o eiriau, trwy adrodd hanes ymweliadau Howel Harris â Phenllyn, ymgais Daniel Rowland i bregethu yn Llanuwchllyn, a gwaith arloesol Jenkin Morgan. Yna sonnir am ddechreuadau'r seiat Fethodistaidd yn y Bala, dioddefiadau'r aelodau a'r cymorth a ddeuai iddynt gan gynghorwyr Methodistaidd, yn bennaf o'r Deheudir. Crybwyllir yr Ymraniad, ond perthyn rhai brawddegau i'r 'llaw arall' anhysbys a nodwyd uchod. Nid oes awgrym o fewn y 'Coflyfr' o ddyddiad pa bryd yr ysgrifennwyd ef, ar wahân efallai i'r ffaith y dywedir mai rhifedi aelodaeth Seiat y Bala yn 1752 oedd 'o amgylch deugain neu fwy,' sy'n adlewyrchu cyfnod gwahanol iawn i'r amcangyfrif a roddwyd gan Thomas Charles ym mis Gorffennaf 1785 mewn llythyr at ei gyfaill y Parchedig Edward Griffin,

> At Bala there were but half a dozen hearers at the beginning, and the opposition continued without interuption for the space of 25 years. Now the congregation consists of about 2000 hearers, and there are between 400 and 500 communicants.[32]

Cadarnheir y gwahaniaethau hyn yn yr atebion a roddwyd o blwyf Llanycil i Ymweliadau'r Esgob. Yn 1749 sonnir am 'half a dozen Methodists.' Erbyn 1791 dywedir 'Dissenters are many, being Presbyterians or Methodists, but don't increase, I think. They assemble at two licenced Meeting-Houses which they call chapels. The Methodists have one annual Meeting call'd their Association, & then they jump in a enthusiastick manner; are in other Respects very quiet.' Ac yn 1799 atebwyd, 'There are Dissenters, some Presbyterians and many Methodist. Both have Meeting-Houses of long standing; Teachers, Mr. Thomas & Mr. Charles.'[33] Dichon mai un esboniad ar gymaint y gwahaniaeth rhwng 1752 a 1785 yw awgrymu fod John Evans wedi ysgrifennu cyn bod dylanwadau ysgubol Diwygiad

---

[31] Ewyllys William Edwards, 'late of Vedw arian.' Profwyd 12 Mehefin 1805. Ewyllysiau plwyf Llanycil, Esgobaeth Llanelwy, Ll.G.C.

[32] *CH*, V. 3, (Rhagfyr 1920), t.

[33] Crynhoir atebion plwyfi Penllyn gan R. T. Jenkins, *HCHGLl*, tt. 202 - 207.

Llangeitho (1762) yn cyrraedd y Bala.

Os cywir y casgliad ynghylch awduriaeth y llawysgrif hon ceir awgrym cryf o'i phwysigrwydd. Dyma, hyd y gwyddys ar hyn y bryd, y darn hwyaf o ryddiaith a ysgrifennodd John Evans ac a gadwyd heb unrhyw ymyrraeth olygyddol. Ar y tudalennau hyn fe welir ymdrech fwriadol gan un oedd â llaw yn y gwaith i gofnodi prif gamau datblygiad hanesyddol Methodistiaeth yn y dref a'r cylch a drawsnewidiwyd o fod yn nythle erledigaeth a gwrthwynebiad i fod yn Feca lluoedd o Fethodistiaid o wahanol rannau o Gymru, yn arbennig felly o'r Gogledd, am gyfnod o ddwy ganrif a hanner.

Yr 'Ymddiddanion'

Mae'r 'Ymddiddanion,' ar y llaw arall, yn cynnwys oddeutu 12,000 o eiriau ac yn cwmpasu hanes cynnar Methodistiaeth nid yn unig yn y Bala, ond hefyd yn Nolgellau, Abermaw, a Sir Fôn, ac ymddangosasant mewn saith rhan yn *Trysorfa Ysprydol* rhwng 1799 a 1813. Cyhoeddwyd hwy ar ffurf ymddiddan rhwng dau gyfaill, y naill oedd *Scrutator* ('Holwr' neu 'Ymchwiliwr'), a'r llall yw *Senex* ('Hen ŵr'). Canfyddir un darn o dystiolaeth fewnol sy'n cadarnhau'r gred mai Thomas Charles ei hun yw *Scrutator*. Meddai

> Cyfarfûm yn ddiweddar yn fy nheithiau â hen ŵr penwyn. Gofynnais iddo beth oedd ei oed. Atebodd, 'Rhwng pedwar ugain a chant yn rhywle.' Gofynnais drachefn iddo, 'Beth yr ydych yn ei feddwl a ddaw ohonoch?' Atebodd yntau, 'Tebyg gennyf y byddaf farw ysywaeth.' Gofynnais, 'A allwch chwi ddarllen?' 'Na allaf i.' 'A wyddoch chwi y ffordd i'r nefoedd?' Atebodd na wyddai ef. 'Pa fodd y gellwch chwi fynd yno os na wyddoch y ffordd yno?' Ni wyddai efe ddim. Gofynnodd, 'Ai Mr Ch---s ydych chwi?' Atebais fod dynion yn fy ngalw felly.[34]

Dyma'r unig achlysur yr ymddengys enw Thomas Charles yn y dogfennau hyn. Nid oes neb erioed wedi amau pwy yw'r hen ŵr: John Evans y Bala. Yr oedd ef ar y pryd eisoes yn tynnu am ei bedwarugeinmlwydd. Ar ben hynny mae'r holl gyfeiriadau at gyflwr ei iechyd a'i oedran yn awgrymu hynny.

Cyhoeddwyd yr 'Ymddiddanion' hyn mewn llyfryn gan Evan Jones, Heol Maengwyn, Machynlleth, yn 1885 yng nghyfres canmlwyddiant yr Ysgol Sabothol yng Nghymru. Cyfrol fechan hylaw, clawr papur, ydyw

---

[34] t. 111.

o 56 tudalen a'r rheini'n mesur 13 cm wrth 8 cm. Y teitl yw *Y Diwygiad Methodistaidd: Ei Ddechreuad - ei Gynydd - a'i Effeithiau yn Ngwynedd; ar ddull Ymddyddan rhwng Scrutator a Senex.* Yna ychwanegir 'gan y diweddar Barch. Thomas Charles, B.A., o'r Bala.' Dechreua gyda chyfarchiad 'At y Darllenydd' wedi'i arwyddo gan 'Golygydd,' a'i ddyddio 'Mehefin 1885.' Yn anffodus ni ddywedir pwy yw'r Golygydd hwn, ond gellir awgrymu mai Evan Jones ei hun, y cyhoeddwr, ydoedd. Tipyn o gam â John Evans yw priodoli awduriaeth y gwaith i Thomas Charles.

Wrth baratoi testun y ddwy ddogfen ar gyfer ei argraffu cadwyd yn ffyddlon at eiriau a chystrawennau'r gwreiddiol: y sillafu a'r atalnodi yn unig a ddiwygiwyd. Ychwanegwyd penawdau uwchben rhai paragraffau er mwyn hwyluso'r darllen, a gosodwyd y dyddiad y cyhoeddwyd yr 'Ymddiddanion' gyferbyn â'u rhif.

Llythyr Jane Owens

Mae'r Atodiad yn cynnwys llythyr a ysgrifennwyd gan Jane Owens, Dolgellau, at Howel Harris. Diogelwyd y llythyr ym mysg Llythyrau Trefeca (Rhif 2682), ac fe'i cyhoeddwyd gan Richard Bennett yn un o rifynnau cynnar y *Cylchgrawn Hanes.*[35] Wrth gymharu'r hyn a ddarllenir am Jane Griffith yn yr 'Ymddiddanion'[36] â chynnwys llythyr Jane Owens, ni ellir llai nag awgrymu mai'r un person ydynt. Ystyrier:

1. 'Ynghylch 1776' oedd cyfnod Jane Griffith yn Nolgellau: Mehefin 1770 yw dyddiad llythyr Jane Owens.

2. Pa mor debygol fyddai i ddwy ferch, heb sôn am i'r ddwy gael yr enw 'Jane,' fod mor amlwg gyda'r achos Methodistaidd yn Nolgellau ar yr un pryd?

3. Dywedir mai Dolbenmaen, Sir Gaernarfon, oedd cynefin Jane Griffith. Brithir llythyr Jane Owens â ffurfiau llafar lle mae'r sillaf olaf ddiacen yn cynnwys *a,* megis *ymgylchiada, gwana, geisia, Diwaetha, clowad, mina, mwya, Drysa, weithia, dywad, llythyra, chwitha, gristianas, nhwytha,* sydd mor gyson, wrth gwrs, â thafodiaith

[35] *CH,* III, (Mehefin 1918), tt. 87-89.

[36] Gweler t. 108.

Eifionydd.

4. Daeth Jane Griffith i Ddolgellau 'i gadw ysgol.' 'Fy ngwaith i yw gwnïo a dysgu plant,' meddai Jane Owens.

5. Byddai Jane Griffith, yn ôl John Evans, yn 'ymddiddan yn aml am ddrwg pechod a chyflwr truenus dyn.' Gwelsai Jane Owens 'mewn rhai dynion y bu im ddechrau dweud wrthynt ynghylch mater eu heneidiau ryw beth wedi bod yn debygol o weithio arnynt.'

6. Bu 'ychydig o dlodion yn ymgyfeillachu' â Jane Griffith. Mae Jane Owens yn deisyf ar Harris, 'Gweddïwch drosof a'r gynulleidfa fach sydd yn dyfod ataf i ymgyfarfod bob nos.'

7. 'Ymadawodd y wraig oddi yno,' meddai John Evans. Mae Jane Owens yn teimlo fod yr erlidwyr yn 'ceisio fy ngyrru i ffwrdd a disgwyl gwarant i'm gyrru'n hir....Nis gwn a ddylwn ymadael â'r lle ai peidio.'

Cynhwysir y llythyr am ei fod yn disgrifio'r ymdrech i sefydlu Methodistiaeth yn Nolgellau o safbwynt un o'r 'gweithwyr maes,' ac yn ychwanegiad o bwys at yr hyn a gafwyd gan John Evans. Ymdeimlir â'r un naws, yr un ymdrech, yr un elyniaeth ac erledigaeth ag a ddarlunnir gan John Evans, eithr yr oedd Jane Owens yn ei ganol, a disgleiria cyfyngder ei henaid drwyddo. Ar y naill law, mae'n teimlo i'r byw dros 'yr ychydig dlodion' - y Methodistiaid a gymdeithasai â hi yn yr Efengyl. Ac ar y llaw arall, teimlir bod gwasgfa erledigaeth yn peri iddi ystyried symud i ardal ddiogelach. Yma eto diweddarwyd yr atalnodi a'r orgraff, eithr nid ymyrrwyd â'r gystrawen.

5. Cymhellion

Nid yw geiriau John Evans ei hun yn datgelu paham yr ymgymerodd ag ysgrifennu'r 'Coflyfr' na'i atgofion am ddechreuad a chynnydd Methodistiaeth dan yr enw *Senex*. Eithr o gofio mai yn *Trysorfa Ysprydol* yr ymddangosodd yr 'Ymddiddanion,' mae'n deg dyfalu mai'r un fyddai ei deimladau ef â dyheadau'r golygyddion, Thomas Charles a Thomas Jones, Dinbych. Arwyddwyd rhagymadrodd y gyfrol gyntaf o *Trysorfa Ysprydol* gan T. Charles a T. Jones, yn y drefn yna, gan nodi 'Wyddgrug, Mawrth 7^d. 1799,' sef y dref y preswyliai Thomas Jones ynddi ar y pryd. Yn y rhagymadrodd hwn nodir bwriad y golygyddion,

> Ein dymuniad hiraethlon a pharhaus yw llês eich eneidiau anfarwol.

Daw'r lles hwn i eneidiau'r darllenwyr trwy wybodaeth,

> i'r dyben o daenu gwybodaeth etto fwy-fwy yn eich plith, y penderfynasom, trwy annogaethau llawer o'n Brodyr, ar gyhoeddi hyn o Gasgliad.

Yr oedd y casgliad hwn i gynnwys

> hanesion buddiol am ddiwygiadau, marwolaethau hynod, neu ryw ragluniaethau neillduol.

Dyma'n ddiau oedd bwriad Charles pan ysgrifennodd at Robert Jones, Rhos-lan, yn Ionawr 1799 i ofyn am gyfraniadau llenyddol i'r *Drysorfa.* Mae'n amlwg fod hyn yn agos iawn at galon Charles, oblegid mae G. M. Ashton[37] yn tynnu sylw at nodyn 'ar ddarn o bapur a gyfeiriwyd yn llaw Charles at "Mr John R..., Cefn ..., Ll."' sy'n cynnwys cwestiynau am hanes cychwyn y Diwygiad Methodistaidd yn Sir Gaernarfon. Mae Ashton yn nodi'r awgrym mai i Gefn Meiriadog, Llanelwy, y danfonwyd y llythyr hwn, ond ni ddywed beth yw'r ffynhonnell. Y tebyg yw, fodd bynnag, mai at 'Mr John Roberts, Cefn Nannau, Llangwm,' yr anfonwyd y nodyn, oherwydd gwyddai Charles gystal â neb am ymdrechion y ddau frawd, John Roberts Llanllyfni, (a symudodd i Langwm yn 1809) a Robert Roberts, Clynnog, (a fu farw yn 1802), ym mlynyddoedd ffurfiannol Methodistiaeth yn Sir Gaernarfon, ac amheuthun fyddai cronicl o'r digwyddiadau fel y gwelwyd hwy trwy lygaid John Roberts.

Heb os nac oni bai, mae atgofion John Evans am ddechreuadau'r Diwygiad Methodistaidd mewn rhannau helaeth o Ogledd Cymru yn

---

[37] G. M. Ashton (Golygydd), *Drych yr Amseroedd*, Caerdydd, 1958, tt. xiv-xv.

gorffwys yn esmwyth fel rhan o'r bwriad hwn. Ategir hyn gan Thomas Charles yn yr Ymddiddan,[38]

> y maent yn werth eu coffau ac yn werth eu cadw mewn cof i'r oes a ddaw.

A'r rheswm dros y cofio hwn, yn ôl Charles, yw eu bod

> yn fuddiol i ddangos gogoniant yr Arglwydd yn y dull y mae'n dwyn ei waith ymlaen.

Yr oedd cofio ffyddlondeb a gwrhydri ac ymdrech Methodistiaid y cenedlaethau cynt o werth ymarferol i hybu'r Fethodistiaeth bresennol,

> eu ffyddlondeb hwy yn wyneb llawer o wrthwynebwyr a digalondid yn anogaeth i eraill ar eu hôl i ddilyn eu siampl.[39]

Mae'n anochel fod y bwriad a'r cymhelliad hwn wrth ysgrifennu wedi effeithio ar arddull a chynnwys y gweithiau hyn. Trafodir yr arddull yn y man: digon yw sylwi ar y dewis o gynnwys yn awr.

Wrth drafod pa mor bosibl yw cael gwrthrychedd wrth ysgrifennu hanes eddyf David Bebbington mai problem bennaf yr hanesydd yw ei gredoau a'i argyhoeddiadau ei hun, gan fod unrhyw hanes a ysgrifennir ganddo yn sicr o gael ei liwio gan ei werthoedd a'i syniadau ei hun.[40] Arferiad Cristnogion, meddai Bebbington ymhellach, yw dangos tri argyhoeddiad sylfaenol gyda golwg ar hanes. Yn gyntaf, y mae Duw yn ymyrryd ym myd hanes. Yn ail, y mae Duw yn arwain datblygiad hanes fel llinell syth. Yn drydydd, bydd Duw yn cyrraedd ei ddibenion cyn dod â hanes i ben.[41] Mae'r argyhoeddiadau hyn yn amlwg yng ngweithiau John Evans. Ceir digon o dystiolaeth, fel y dangosir maes o law, o'i gred mai llaw Duw oedd yn hyrwyddo'r Diwygiad, mai carlamu i ennill rhagor o dir yr oedd Methodistiaeth, a'i hyder oedd y byddai'r holl wlad cyn hir wedi'i throi o dywyllwch ei phechadurusrwydd a'i hanwybodaeth i fwynhau goleuni llawn yr Efengyl Gristnogol. Mae'n anodd meddwl am well mynegiant o'r argyhoeddiad Cristnogol hwn o ystyr a diben hanes na'r un a geir o fewn cyfundrefn ddiwinyddol Galfinaidd cydoeswr a chymydog John Evans, y Dr George Lewis,

---

[38] t. 103.

[39] t. 121.

[40] *Patterns in History, A Christian Perspective on Historical Thought,* Apollos, argraffiad 1990, t. 5.

[41] opt. cit. t. 43.

Llanuwchllyn,

> Y mae achosion gwledydd a theyrnasoedd yn cael eu trefnu gan ddwyfol ddoethineb. Y Goruchaf sydd yn llywodraethu ym mrenhiniaeth dynion. Dan. 4, 25.[42]

Mae'n bwysig sylweddoli mai'r argyhoeddiadau hyn sy'n llywio meddwl John Evans, ynghyd â'i ddewis o ffeithiau a'r arwyddocâd a wêl ef ynddynt. Yn sicr ddigon, yn llyfrau hanes yr Hen Destament ac yn Efengylau'r Testament Newydd y gwelai John Evans ei batrwm. Hanes crefydd Israel yr oedd diddordeb pennaf awduron rhyddiaith hanesyddol yr Hen Destament, ac mae'r ffin rhwng 'haneswyr' a 'diwinyddion' yn gallu bod yn denau ryfeddol.[43] Gellir dweud yn fras fod y genedl yn llwyddo yn ei hymdrechion yn erbyn ei gelynion i'r graddau yr oedd yn ffyddlon i'r Cyfamod â'i Duw. Wrth edrych yn ôl ganrif yn hanes esboniadaeth feiblaidd Gymreig a throi at *Esboniad ar Lyfr y Barnwyr*[44] gwelwn fod y Rhagarweiniad yn mynnu mai

> Hanes y genedl o gyfeiriad Duw ydyw. Yr oedd cadw Israel yn ystod y tymhor cynhyrfus hwn, nid yn fater o ddamwain, eithr yn rhan o gynllun tragwyddol Duw er iachawdwriaeth y byd; felly y mae y llyfr yn hanes cyfiawnder, ffyddlondeb, a thrugaredd Duw.

Ac fel yr oedd hanes yr iachawdwriaeth yn bwysig o fewn cyd-destun hanes Israel, yr oedd llwyddiant efengyl yr iachawdwriaeth ar ddaear Cymru yn bwysig i John Evans. Yn y Testament Newydd llwyddai'r Efengyl yn wyneb yr holl rwystrau trwy weinidogaeth gyhoeddus Iesu o Nasareth ac yn ddiweddarach trwy weithgarwch yr apostolion, yn arbennig pan bregethid yr efengyl yn nerth yr Ysbryd Glân.[45] Fel Eusebius[46] o'i flaen a Robert Jones, Rhos-lan, ar ei ôl, [47] (er nad yw mor uniongyrchol hygoelus) gwelai John Evans law rhagluniaeth yn ymyrryd ym myd amser. Wrth iddo bortreadu gweinidogaeth y prif gymeriadau,

---

42 *Drych Ysgrythyrol,* Caerlleon, 1797, t. 69. Diwygiwyd llithriadau'r argraffwasg.

43 Gwilym H. Jones, 'Hanes a'i Dehonglwyr', *Efrydiau Beiblaidd Bangor,* 4, 1988, t. 46-47.

44 W. R. Jones, (Goleufryn), Caernarfon, 1883, t. 6.

45 I. Howard Marshall, *Luke: Historian and Theologian,* Grand Rapids, Michigan, d.d., penodau 1 a 2.

46 Tony Lane, *The Lion Book of Christian Thought,* Rhydychen, 1992, t. 27.

47 G.M.Ashton (Golygydd), *Drych yr Amseroedd,* Caerdydd, 1958, t. xxvi.

ei esboniad ef ar y llwyddiant yw fod Duw yn gweithio o blaid ei bobl. A dyma'i ffordd o fynegi'i argyhoeddiad fod y Tadau yr oedd ef yn eu cofio (ac wedi cydweithio a chyd-ddioddef â hwy) wedi bod yn ufudd i'w weledigaeth, ac o'r herwydd bod yr Israel newydd (Methodistiaeth ym marn John Evans) wedi llwyddo.

Mewn pennod gyfoethog ar 'Athrawiaeth Hanes Charles Edwards'[48] mae Dr Bobi Jones yn mynd i'r afael â phroblem gwrthrychedd a rhagdybiaethau haneswyr gan ddangos

> nad yw rhagdybiaeth Charles Edwards ddim wedi "dyddio" (er y gall llawer o fanylion 'ffeithiol' ei ymchwil "ddyddio"), ac nad oes dim sail ysgolheigaidd, academaidd na gwyddonol o gwbl dros dybied yn hunan-fodlon, fel y gwneir mor aml, fod y rhagdybiaeth seciwlar yn medru sefyll yn well ac yn fwy ystyrlon gerbron tân y llygad beirniadol.

Gellir cymhwyso'r un geiriau at John Evans. Yng ngoleuni ei argyhoeddiadau ysgrythurol a Chalfinaidd y mae'n rhaid darllen a deall ei gyfraniad fel hanesydd. At ei gilydd y mae'i ffeithiau'n gywir, ond ei gyfraniad gwirioneddol yw'r portread o awyrgylch y Diwygiad sy'n cael eu crisialu yn ei ysgrifeniadau. Y mae am hybu gwybodaeth o'r gorffennol mewn ffordd a fyddai'n gogoneddu Duw ac yn symbyliad ymarferol i genhedlaeth newydd o Fethodistiaid.

---

[48] *Llên Cymru a Chrefydd*, Abertawe, 1977, tt. 341 - 358.

6. Arddull a Mynegiant

Wrth drafod cymhellion John Evans nodwyd mor Feiblaidd oedd ei feddylfryd a'i amcanion. Dyna'n union a gesglir wrth edrych ar holl ansawdd mynegiant ei waith: ei gystrawen, ei gyffelybiaethau, ei ddelweddau wrth ddisgrifio cyflwr cymdeithasol a chrefyddol Penllyn, ynghyd â'i ymresymu cadarn. Rhaid cofio, fodd bynnag, mai dogfen wedi'i chyhoeddi yw'r 'Ymddiddanion,' ac felly ni ellir bod yn hollol sicr faint o ymyrraeth olygyddol a fu ar arddull wreiddiol John Evans. Y mae un peth yn sicr, sef mai'r un yw tystiolaeth y 'Coflyfr' a'r 'Ymddiddanion,' ac ni ellir gwerthfawrogi mynegiant llenyddol John Evans os esgeulusir dylanwad y Beibl Cymraeg arno.

Cystrawen

Y ffordd drawiadol gyntaf y gwelir dylanwad y Beibl ar arddull John Evans yw trwy gystrawen y frawddeg annormal. Cystrawen arferol a normal Cymraeg diweddar yw gosod y ferf ar ddechrau'r frawddeg ac yna ei dilyn gan y goddrych a'r gwrthrych. Yn aml iawn yn y Beibl ceir adlais o'r hen arferiad sydd bellach yn cael ei galw'n frawddeg annormal, sef dechrau'r frawddeg gyda'r goddrych a hwnnw'n cael ei ddilyn gan ragenw perthynol a'r ferf, ac efallai wrthrych y ferf yn dilyn. Droeon a thro y mae John Evans yn defnyddio brawddegau annormal. Ar dudalennau'r 'Coflyfr' fe welir

> A'r rhai a arhosai yn yr ysgubor nid oeddynt yn cael iawn hwyl ar eu dawns. ... Dychryn trwm a ddaliodd bawb ohonynt am gyflwr eu henaid. .... Y telynor hefyd a gafodd y fath ddychryn ag y buasai wrth fyned adref yn torri ei delyn yn chwilfriw oni buasai i rywrai ei rwystro.[49]

Yn gynnar iawn yn yr 'Ymddiddanion' fe ddarllenwn,

> Y bregeth a gafodd effaith ar Meurig[50]

lle gellid disgwyl 'Cafodd y bregeth effaith ar Meurig'. Ar yr un dudalen gwelir

> Mr Kenrick o Fron y Clydwr a fyddai hefyd yn dyfod atynt yn fynych,[51]

yn lle 'Byddai Mr Kenrick o Fron y Clydwr yn dyfod atynt yn fynych'. Tua chanol yr 'Ymddiddanion' gwelir

---

[49] t. 88.

[50] t. 97.

[51] t. 97.

Harry Thomas a gyfeillachodd â William Thomas Owen a'i deulu.[52]

Ar ben hyn mae'n hawdd gan y Beibl Cymraeg ddechrau brawddeg gydag ymadrodd neu gymal adferfol o amser a hynny'n cael ei ddilyn gan ragenw perthynol, berf, goddrych a gwrthrych. Mae geiriau cyntaf y Beibl yn enghraifft o'r gystrawen hon,[53]

> Yn y dechreuad y creodd Duw y nefoedd a'r ddaear.

Mae gweledigaeth fawr Eseia a'i alwad yntau i broffwydo yn dilyn yr un patrwm,[54]

> Yn y flwyddyn y bu farw y brenhin Ussïah, y gwelais hefyd yr Arglwydd yn eistedd ar eisteddfa uchel a dyrchafedig, a'i odre yn llenwi y deml.

Ac ar ddechrau'r Testament Newydd,[55]

> Ac wedi geni yr Iesu yn Bethlehem Judea, yn nyddiau Herod frenhin, wele, doethion a ddaethant o'r dwyrain i Jeusalem.

A thrachefn o Efengyl Luc,[56]

> Ac yn y chweched mis yr anfonwyd yr angel Gabriel oddi wrth Dduw, i ddinas yn Galilea a'i henw Nasareth.

Nid syndod felly yw canfod y gystrawen hon ym mrawddeg gyntaf y 'Coflyfr,'

> Yn y flwyddyn o oedran ein Harglwydd 1740, ryw bryd ym mis Mawrth yn amser y rhew mawr, y daeth Mr Howel Harris, gŵr o le a elwid Trefeca, yn agos i Dalgarth yn Sir Frycheiniog, yn gyntaf i Lanuwchllyn yn Sir Feirionnydd i bregethu...[57]

Dyma gamau cyntaf John Evans fel llenor ymwybodol: mae'n dewis cyfrwng mynegiant sydd, nid yn unig yn gydnaws â'i ddeunydd ac â'i fwriad, ond cystrawen sydd â 'blas y Beibl arni.'[58]

---

[52] t. 120.

[53] Genesis 1:1.

[54] Eseia 6:1.

[55] Mathew 2:1

[56] Luc 1:26.

[57] t. 85.

[58] Ymadrodd gan D. Simon Evans, 'Dylanwad y Beibl ar yr Iaith Gymraeg,' yn R. Geraint Gruffydd (Golygydd), *Y Gair ar Waith*, Caerdydd, 1988, t. 79.

Ymadroddi Beiblaidd

Nid y gystrawen yn unig sy'n Feiblaidd. Brithir yr ysgrifennu â geiriau ac ag ymadroddion beiblaidd, yn ogystal â chan adleisiau a dyfyniadau o adnodau. Actau 5:41 sydd ym meddwl John Evans wrth iddo ddisgrifio dioddefaint y credinwyr yn y Bala ar ddiwrnod tywyll yr erlid mawr,

> Diwrnod arswydus oedd hwn, eto dioddefodd pawb yn amynyddus, a llawer yn ei chyfrif yn fraint gael dioddef dim er mwyn enw'r Iesu.[59]

Pan oedd am ddisgrifio'r ffenomenon mai bachgen pur ifanc a fu'n gyfrwng sefydlu Methodistiaeth yn Abermaw, ysgrifenna John Evans,

> Er mai bachgennyn ieuanc oedd ....

ac

> Achos yr Arglwydd oedd gofal pennaf y bachgennyn hwn yn ei holl fywyd..[60]

Diau y byddai'r ffurf fachigol o 'bachgen' yn ddieithr iawn oni bai am Ioan 6:9.

Drachefn, wrth gloriannu effeithiau gweinidogaeth Daniel Rowland, meddai John Evans,

> Wedi gwrando pregeth neu ddwy ganddo, âi'r werin i'w hamrywiol deithiau meithion yn llon eu meddwl ac yn ddiolchgar i'r Arglwydd am ei ddawn anhraethol.[61]

Adlais sydd yma o'r ymadrodd a welir yn 2 Corinthiaid 9:15. Wrth fynegi ei farn am ymdrech genhadol y Gymdeithas Eglwysig yn y Bala a'u bwriad i ennill eraill, mae John Evans yn adleisio geiriau Paul yn 1 Cor. 9:22,

> Yr oeddent yn goddef llawer ym mhob ffordd, ond er hynny, yr oeddent yn siriol iawn wrth y grefydd, ac am wneud eu hunain yn bob peth i bawb er mwyn ennill rhai.[62]

Disgrifir ansawdd bywyd ysbrydol Methodistiaid cynnar hyn gyda geiriau sy'n ein hatgoffa o Mathew 7:19,

> Os wrth y ffrwythau yr adwaenir gwir grefydd a duwioldeb, yr oeddynt

---

[59] t. 87.

[60] t. 114.

[61] t. 108.

[62] t. 117.

yma i'w gweld ymhlith y tlodion hyn.[63]

Ac wrth drafod ymateb pobl i bregethiad y Gair, adlais o Ioan 6:44-45 a glywir yn y geiriau

> Ni ddaw neb ato oddi eithr i'r Tad ei dynnu, ond pob un a glywodd gan y Tad, ac a ddysgodd, sydd yn dyfod ato.[64]

Pan fo John Evans am sôn am gynyrfiadau ysbrydol rhai o wŷr Môn mae'n patrymu ei ymadroddi ar hanes Lydia yn Actau 16:14,

> Yng nghylch y flwyddyn 1730 .... y dechreuodd Duw gynhyrfu ychydig ar feddyliau meibion Thomas Pritchard o'r Tŷ Gwyn yn agos i Langefni, i ddal ar yr hyn a lefarodd Duw wrthynt yn ei Air.[65]

Daeth chwaer y gŵyr uchod i brofiad o'r un efengyl a thrwy fenthyca ymadroddion o 2 Pedr 1:1 y mynega John Evans eu hanes,

> Yr oedd chwaer i'r gwŷr duwiol hyn yr hon a gafodd yr unrhyw werthfawr ffydd â hwythau...[66]

Yma eto mae'n dewis gair ac ymadrodd i'w bwrpas gan wybod y byddai'n gyforiog o ystyr i'w ddarllenwyr Methodistaidd.

Adnodau

Eithr nid adleisio bwriadol neu anfwriadol yn unig a geir gan John Evans. O dro i dro mae'n dewis dyfynnu adnod er mwyn adrodd ei stori. Ar un achlysur daw esboniad bob yn ail â'r dyfyniad. Mynegi ei farn y mae am dywyllwch ysbrydol trigolion Penllyn, gan ddefnyddio Eseia 1:5 at ei bwrpas,

> 'Yr oedd y pen oll,' sef y penaethiaid, 'yn glwyfus, a'r holl galon,' sef y bobl gyffredin, 'yn llesg.'[67]

Ar y llaw arall, pan fo am ganmol yr Arglwydd am iddo'i gynnal yn ei fusgrellni, defnyddia eiriau'r Salmydd, (Salm 71:9),

> Fy ngweddi at Dduw yw beunydd gyda Dafydd, 'Na fwrw fi ymaith yn amser henaint: na wrthod fi pan ballo fy nerth... Am dy iachawdwriaeth di y disgwyliais, Arglwydd.[68]

---

[63] t. 99.

[64] t. 104.

[65] t. 120.

[66] t. 120.

[67] t. 113.

[68] t. 119.

Mae'n ymddangos fod John Evans mor gyfarwydd â'i Feibl fel bod ganddo adnodau lawer wrth law o hyd i fynegi ei neges.

Cyffelybiaethau

Agwedd arall ar batrwm Beiblaidd ieithwedd John Evans yw ei ddewis o gyffelybiaethau. Pan oedd angen pwysleisio ffyrnigrwydd teyrnas Satan, at lyfr Daniel y mae John Evans yn troi am gyffelybiaeth,

> Yr oedd teyrnas Satan yn ei grym, fel y ddelw fawr yn llyfr Daniel.[69]

A pha well cyffelybiaeth nag â'r dyrfa yn Jerwsalem ar ddydd y Pentecost oedd ar gael i ddisgrifio adwaith ieuenctid Penllyn i bregethu Jenkin Morgan,

> Tra'r oeddent yn gwrando syrthiodd y fath Ysbryd grymus o argyhoeddiad arnynt oll, y telynor a chwbl, nes llefasant allan fel y tair mil yn Jerwsalem gynt.[70]

Bodlonai John Evans ei chwilfrydedd ei hun pan deimlai fod angen tafoli safle ac awdurdod Daniel Rowland. Meddai,

> Cyffelybais ef yn aml yn fy meddwl i'r Tachmoniad hwnnw ym mhlith cedyrn Dafydd. Efe oedd y pennaf o'r tri chyntaf.[71]

Mae'r gyffelybiaeth hon yn seiliedig ar 2 Samuel 23:8 lle enwir cedyrn y Brenin Dafydd, a'r cyntaf a enwir yw'r Tachmoniad a oedd yn bennaeth y tywysogion. Dyma ffordd John Evans o ddweud mai Daniel Rowland, yn ei farn ef, oedd y pennaf o'r tri diwygiwr cyntaf, a'i fod yn cael blaenoriaeth ar Howel Harris a Williams Pantycelyn.

Yma eto mae gwybodaeth John Evans o'r Beibl mor fawr, a'r stôr o ddigwyddiadau beiblaidd yn llenwi cymaint ar ei feddwl, fel mai'r peth mwyaf naturiol yn y byd iddo yw troi at yr ystorfa gyfoethog hon am ei gyffelybiaethau.

Delwedd 'Tywyllwch / Goleuni'

Y ddelwedd amlycaf yn ymdriniaeth John Evans o gyflwr ysbrydol Penllyn cyn i'r Diwygiad gyrraedd yw *tywyllwch.* O edrych yn ôl ar ddechrau pedwardegau'r ddeunawfed ganrif myn John Evans

> y fath gaddug o dywyllwch dudew oedd yn gorchuddio'r wlad pan

---

[69] t. 101.

[70] t. 100.

[71] t. 108.

ddeuthum i gyntaf i wladychu yma.[72]

Ac nid oedd cyflwr gweddill trigolion Gwynedd yn amgen, yn arbennig drigolion anystyriol Ynys Môn. Angen mawr eu heneidiau hwythau oedd cael

eu troi o'r tywyllwch i'r goleuni.[73]

Wrth gwrs y mae'r darlun hwn o gyflwr ysbrydol Cymru yn `Fethodistaidd': o ystyried safle a safbwynt John Evans, ni ellid disgwyl yn wahanol. Dyma'r darlun yr oedd wedi ei etifeddu o'r llenyddiaeth Fethodistaidd a ddarllenasai. Beirniadwyd, oni chablwyd, Williams Pantycelyn am ei bortread adnabyddus o'r Gymru gyn-Fethodistaidd yn ei farwnadau i Harris a Rowland,

Pan oedd Cymru gynt yn gorwedd
   Mewn rhyw dywyll, farwol hûn,
Heb na Phresbyter na 'Ffeiriad,
   Nac un Esgob yn ddi-hun;
Yn y cyfnos tywyll, pygddu, ...[74].

Pan oedd tywyll nos trwy Frydain,
   Heb un argoel codi gwawr,[75]

a'i gyhuddo o 'ormodiaeth ronc' (a dyfynnu ymadrodd yr Athro Glanmor Williams wrth iddo drafod y Dyneiddwyr[76]). Mae'r Dr Eifion Evans yn llygad ei le gyda'i ddyfarniad, 'Dweud y gwir oedd Williams, gwirionedd oedd yn ddolurus ac yn arswydus am ei fod yn ddatganiad o realiti'r sefyllfa wrth edrych trwy lygad ffydd ac wrth fesur yn ôl safon yr Efengyl.'[77] Yn sicr nid oedd dim pellach o feddwl John Evans na sarhau cyfraniad gwiw yr hen Ymneilltuwyr. Gwyddai mor ddyledus iddynt yr oedd ef ei hun am gymorth ysbrydol pan gyrhaeddodd gyntaf i'r Bala, ac mae'n rhoi lle anrhydeddus iawn i hanes ymdrechion nifer dda ohonynt i bregethu'r efengyl yn ei chyfoeth a'i phurdeb yng nghylch

---

[72] t. 113.

[73] t. 129.

[74] N. Cynhafal Jones, *Gweithiau Williams Pant-y-celyn,* Cyfrol I, Treffynnon, 1887, t. 491.

[75] opt. cit. t. 581.

[76] R. Geraint Gruffydd (Golygydd), *Y Gair ar Waith,* Caerdydd, 1988, t. 15.

[77] 'Gwreiddiau Methodistiaeth,' yn Elfed ap Nefydd Roberts, (Golygydd), *Corff ac Ysbryd: Ysgrifau ar Fethodistiaeth,* Caernarfon, 1988, t. 3.

Penllyn. Edrych yn ôl y mae 'trwy lygad ffydd' ar gyfnod pan oedd y ffydd danbaid a welsai ef yn meddiannu'r wlad yn brin ryfeddol. Y gwir yw fod rhaid chwilio am eglurhad ar y ddelwedd hon o 'dywyllwch' a 'goleuni' o fewn y byd yr oedd John Evans a'i ddarllenwyr yn gyfarwydd ag ef.

Un o'r gwŷr glew a enwir yn yr 'Ymddiddanion' yw Morgan Llwyd, a dichon fod John Evans yn cofio'r ddelwedd o dywyllwch yn ei ddisgrifiad yntau o gyflwr crefyddol Cymru adeg y Rhyfel Cartref,[78]

> Diffoddwyd pob canwyll, holl gymru sydd dywyll,
> ple ceir undyn didwyll drwy'r hollwlad....

Gellir olrhain y defnydd o'r ddelwedd hon o 'dywyllwch' a 'goleuni' wrth ddisgrifio dyfodiad yr efengyl i Gymru ymhellach na hyd yn oed Morgan Llwyd. Yn wir fe â cyn belled â chyfnod cyfieithu'r Beibl a dechreuadau'r Diwygiad Protestannaidd. A barnu oddi wrth y mynnych gyfeiriadau ato mewn erthyglau yn y *Geiriadur Ysgrythyrol* yr oedd o leiaf un copi o *Testament Newydd ein Arglwydd Jesv Christ,* sef Testament William Salesbury, yn y Bala yn oes John Evans sef y copi a ddefnyddiai ei gyfaill Thomas Charles. Ar wyneb-ddalen y Testament hwnnw ceir portread graffig iawn o'r gwahaniaeth y mae Gair Duw yn ei greu. Mae'r rhan o'r darlun y llewyrcha'r haul, sef y Gair, arno yn ddydd. Mae'r gweddill dan gwmwl ac yn dywyll. O amgylch y darlun mae'r adnod (o ddiweddaru'r orgraff), 'Hon yw'r farnedigaeth, gan ddyfod goleuni i'r byd, a charu o ddynion y tywyllwch yn fwy na'r goleuni.' (Ioan 3:19).

Nid yw'r adnod hon namyn un o lawer o'r Hen Destament a'r Newydd sy'n portreadu'r gwahaniaeth rhwng bywyd ysbrydol a marweidd-dra ysbrydol drwy sôn am 'oleuni' a 'thywyllwch'. Ystyrier Eseia 9:2, 'Y bobl a rodiasant mewn tywyllwch, a welsant oleuni mawr,' ynghyd â 2 Corinthiaid 4:6, 'Canys Duw, yr hwn a orchymynnodd i'r goleuni lewyrchu o dywyllwch, yw yr hwn a lewyrchodd yn ein calonnau, i roddi goleuni gwybodaeth gogoniant Duw yn wyneb Iesu Grist.' Ac yn gefndir i'r cyfan yn meddwl John Evans y mae geiriau'r Arglwydd Iesu, 'Goleuni y byd ydwyf fi.' (Ioan

---

[78] Thomas E. Ellis (Golygydd), 'Cwynfan, Cyssur, Cryfder y Ffyddloniaid ynghymru ynghanol y Rhyfeloedd,' *Gweithiau Morgan Llwyd o Wynedd,* Bangor, MDCCCXCIX, t. 4.

8:12). Defnyddio'r ddelwedd ysgrythurol hon a wna'r awduron hyn oll.

Ac mae cyfeiriadau John Evans at ei dröedigaeth yn defnyddio'r un ddelwedd. Wrth adrodd ei hanes yn dod i'r Bala ac yn cael llety gyda'r Ymneilltuwr, Edward William, meddai

> Minnau erbyn hyn, er *dalled* oeddwn, a welais yn fy meddwl mai yr Arglwydd a drefnodd i mi gael lle mor rwydd.[79]

Dyma'r gŵr a'i hanogodd i fynd i'r Weirglodd Gilfach yn Llanuwchllyn i wrando ar bregethu'r Ymneilltuwyr. Oherwydd hynny

> bob yn ychydig y *goleuwyd* peth ar fy neall mai trwy ffydd y cyfiawnheir pechadur, ac nid trwy weithredoedd.[80]

Mewn gair, cydio mewn delwedd Feiblaidd gyfarwydd a wna John Evans a'i mabwysiadu i ddisgrifio cyflwr trigolion Gwynedd cyn y Diwygiad a'r newid a ddaeth iddynt, ac yn y pen draw yr oedd hyn yn ddrych o'i brofiad ei hun.

Ymresymu Beiblaidd

Yr agwedd olaf i sylwi arni sy'n dangos dylanwad y Beibl ar ymadroddi John Evans yw ei ddull o ymresymu. Ni ellir osgoi'r ymdeimlad o debygrwydd rhwng y ffordd y mae'r Apostol Paul yn dadlau dros bregethu'r efengyl yn Rhufeiniaid 10:14 a dull John Evans o ymresymu dros bwysigrwydd dysgu darllen,

> Os rhoddes Duw i ni lyfr i hysbysu i ni bob peth perthynol i iachawdwriaeth ein heneidiau, pa fodd y gall neb fod yn gadwedig heb wybod beth sydd yn gynwysedig yn y llyfr gwerthfawr hwnnw? A pha fodd y geill neb wybod beth sydd ynddo heb fedru'i ddarllen a'i chwilio'n ddyfal yn ôl gorchymyn yr Arglwydd?[81]

Enghraifft arall sydd yma o'r modd digamsyniol y mowldiwyd ei feddwl a'i fynegiant gan yr Ysgrythurau.

---

[79] *Trysorfa,* III, t. 70, yr italeiddio gan y Golygydd.

[80] opt. cit.

[81] t. 125.

7. Y Diwygiad a'i effeithiau

Cyfrwng y newid

1. Pregethu

Do, fe ddaeth tro ar fyd. Un o gymwynasau mawr John Evans yw mynegi'n gryno pa gyfryngau a ddiwygiodd grefydd y wlad a moesau ei thrigolion. O ddarllen ei atgofion ni ellir osgoi ei argyhoeddiad mai pregethu'r Gair oedd prif gyfrwng y Diwygiad Methodistaidd. Trwy bregethu y dechreuodd y dystiolaeth Ymneilltuol ym Mhenllyn: dod i'r cyffiniau i bregethu a wnaeth Morgan Llwyd a'r Tadau Ymneilltuol eraill.[82] Pregeth Lewis Rees a gafodd effaith ar Meurig Dafydd.[83] Y Gair o enau Jenkin Morgan a enillodd y dydd yn Nhŷ Nant fel yr amharwyd ar y Noswaith Ganu.[84] Ymweld â Llanuwchllyn a'r Bala i bregethu a wnaeth Howel Harris.[85] Yr oedd darllen a gweddïo yn y tai hefyd yn bwysig. Yn Abermaw sonnir am dri offeiriad duwiol yn cynnal 'gweddi deuluaidd' hwyr a bore ac o'r herwydd, 'byddai amryw o'r cymdogion yn dyfod yno i wrando'r Gair yn cael ei ddarllen a'i egluro.'[86]

A sut bregethu oedd hwn? Pwysleisia John Evans y ffaith mai 'cenhadon' a 'chynghorwyr' oedd y fintai gyntaf o bregethwyr ac na ddylid eu cymharu â'i gyfoeswyr ef. 'Diwygwyr oedd y rhai cyntaf ac yr oedd min ac awdurdod diwygwyr yn yr athrawiaeth gyda hwynt yn effeithio'n rhyfedd ar yr ychydig a fyddai'n eu gwrando.'[87] Crynhodd y Dr Owen Thomas nodweddion Harris fel pregethwr gyda'r geiriau canlynol,

> Yr oedd y fath argyhoeddiad yn ei feddwl ef ei hunan o wirionedd a phwysfawrawgrwydd y pethau a draethid ganddo, ag i adael argraff ar feddyliau ei holl wrandawwyr ei fod ef yn eu credu ac yn eu teimlo. Yr

---

[82] t. 97.

[83] t. 97.

[84] t. 100.

[85] tt. 85 a 98.

[86] t. 115.

[87] t. 113.

ydym yn cofio fod un hen ŵr, tra anystyriol, wrth adrodd i ni yr hyn a gofiai amdano, yn dywedyd, - "Yr oedd y dyn hwnw yn dywedyd am uffern fel pe buasai o wedi bod ynddi hi." Yr oedd hyny yn peri ei fod yn llefaru "fel un âg awdurdod ganddo," a bod ei weinidogaeth, i ba le bynnag yr elai, yn cael ei dilyn â llwyddiant mawr. Y mae yn eglur fod y difrifwch, a'r dwysder. a'r awdurdod, ac yn enwedig ei nodwedd gyfeiriadol at gydwybodau y gwrandaŵwyr, ag sydd yn hynodi i raddau helaeth y Pulpud Cymreig o'r dechreuad, yn arbenig yn perthynu i weinidogaeth HOWELL HARRIS.[88]

Dyma gyfrinach y pregethu neu'r cynghori a ledaenodd Fethodistiaeth gynnar: miniogrwydd y llefaru wedi'i anelu at gydwybod y gwrandawyr, a'r cyfan, y mae'n amlwg, wedi'i fendithio â grymusterau Ysbryd yr Arglwydd.

2. Tystiolaethu

Ail gyfrwng lledaenu'r Diwygiad Methodistaidd oedd trwy fod y dychweledigion yn ymddiddan am yr efengyl. Ymgynnull yn eglwys y plwyf fyddai'r Methodistiaid cynnar ar y Sul, ac er iddynt beidio â chael blas ar y bregeth, yr oedd rhai rhannau o'r gwasanaeth yn fanteisiol iddynt. Byddent yn cynnig eu sylwadau ar y Salmau neu ar un o'r llithoedd wrth ymddiddan ag eraill o'r gynulleidfa ar eu ffordd o'r eglwys, hyd yn oed 'os na allent gymeradwyo'r bregeth.' Ym Môn dyma'r dull a ddefnyddiodd meibion y Tŷ Gwyn, gerllaw Llangefni, i 'aflonyddu eraill'.[89]

3. Ysgolion

Y trydydd cyfrwng, ac yn sicr un o'r pwysicaf, oedd yr Ysgolion Cylchynol. Fel athro yr Ysgol Rad y disgrifir Jenkin Morgan yn Llanuwchllyn.[90] Mynd i gadw ysgol yn Nolgellau a wnaeth Jane Griffith (*neu* Jane Owens) o Ddolbenmaen yn 1766.[91] Flwyddyn yn ddiweddarach, sef yn 1767, aeth Henry Richard o Dre-fîn yn Sir Benfro,

---

[88] *Cofiant y Parchedig John Jones, Talsarn,* Wrecsam, [d.d., tua 1874], t. 799.

[89] t. 120.

[90] tt. 87 a 99.

[91] t. 108.

i gadw ysgol rad Madam Bevan yn eglwys Llanaber ger Abermaw.[92] Cyhoeddwyd rhestrau o'r ysgolion a gynhaliwyd yn Sir Feirionnydd rhwng y blynyddoedd 1738 a 1777 yn *Y Cylchgrawn Hanes*.[93] Cadarnha'r dystiolaeth hon fod gweithgarwch egnïol mewn pedwar o bum plwyf Penllyn rhwng 1738 a 1749, (Llandderfel yw'r eithriad), ond yn anffodus nid yw'r manylion ar gael am y blynyddoedd 1763 a 1768. Yr un oedd yr hanes ym Môn: mynnodd William Jones o Drefollwyn ger Llangefni fod un o Ysgolion Madam Bevan yn dod i'r Ynys.[94]

Hawdd y gellir gwerthfawrogi cŵyn gwrthwynebwyr Ysgolion Cylchynol Griffith Jones wrth iddynt fynegi mai Cynghorwyr Methodistaidd yn rhith athrawon oedd yn eu cynnal a'u bod yr Ysgolion eu hunain yn fagwrfa i Fethodistiaid.[95] A diau mai dyma paham y gafaelodd Thomas Charles yn y syniad rai blynyddoedd yn ddiweddarach a chreu cyswllt rhwng ei gyfundrefn ef o Ysgolion Cylchynol a Mudiad yr Ysgolion Sul.[96]

Cost y newid

Yr oedd pris i'w dalu am y newid a ddaeth drwy Fethodistiaeth, a gwyddai John Evans hynny'n dda. Y pris oedd dioddef gwg a sen, dirmyg a chreulondeb gwrthwynebwyr yr Efengyl, mewn gair, erledigaeth. Dewisodd John Evans beidio crybwyll yr erledigaethau a ddaeth i'w ran ef, ond mae'n pentyrru enghreifftiau o ddioddefiadau ei gydweithwyr, ac nid yw'n brin o ddangos y tarddle.

Ffynhonnell yr erledigaeth yn amlach na pheidio oedd yr arweinwyr eglwysig. Yn y 'Coflyfr' enwir y Parchedig Robert Jones, rheithor

---

92 t. 113.

93 Cyfrol XXI, tt. 21-24.

94 t. 128.

95 F. A. Cavenagh, *The Life and Work of Griffith Jones of Llanddowror*, Caerdydd, 1930, t. 45.

96 Olrheinir y cysyllfiad gan Rhiell Elidir Owen, 'Cyhoeddiadau'r Methodistiaid Calfinaidd ar gyfer yr Ysgol Sul yng Ngogledd Cymru rhwng 1850 a 1900,' Traethawd Anghyhoeddedig M.Lib., Prifysgol Cymru, Aberystwyth, 1994, tt. 5 - 8.

Llanycil, a'i frawd Andrew Jones.[97] Cynrychiolydd y gyfraith oedd John Hugh, cwnstabl y Bala, a chafodd yntau ei gynorthwyo gan Charles Evans, gŵr y *White Lion,* ac un o wardeniaid Llanycil.[98] Tawedog iawn yw John Evans at ei gilydd am ran y bendefigaeth leol yn yr erlid, ac oni bai am ychydig frawddegau o 'Gofiant byrr am John Evans,' prin iawn fyddai'r dystiolaeth. Y dacteg oedd galw'r plwyfolion i ymgynnull yn y Bala 'i amddiffyn yr eglwys.'[99] A'r un modd yn Llanuwchllyn: er i Ddaniel Rowland gael cennad y wardeniaid ac eraill o'r plwyfolion i fynd i fewn i'r eglwys, 'Person y plwyf a Mr Rowland Lloyd o'r Bala a derfysgasant y gynulleidfa ac a rwystrasant iddo bregethu.'[100]

Ond nid creulondeb corfforol yn unig a brofwyd. Cymhwyswyd at y pregethwyr Methodistaidd gynifer ag a oedd modd o Ysgrythurau a soniai am au-broffwydi a bleiddiaid rheibus.[101] Lledaenwyd anwireddau amdanynt,

> Llawer o gelwyddau digywilydd a daenwyd trwy'r wlad amdanynt. Dywedent fod yr ysbryd drwg mewn dull gweledig yn eu cyfarfodydd, weithiau fel ebol bach neu fel gafr, ac amryw ddull arall yn ôl ei ewyllys.[102]

Gwawdiwyd hwy drwy roi llysenwau arnynt megis 'y Pennau Crynion, *Round Heads,*'[103] atgof o'r Hen Ymneilltuwyr yn nyddiau Cromwell. Eto, cymaint oedd tosturi calon John Evans, mynnai ffordd i'w hesgusodi. Yn eu hanwybodaeth y cyflawnwyd hyn, meddai, gan dybio eu bod yn gwneuthur gwasanaeth i Dduw.[104]

Mynegwyd yr un agwedd erlitgar yn y gân 'Hela Llwynog' gan Ned Lloyd, un o brydyddion llai adnabyddus Penllyn. Ynddi pentyrrir

---

[97] t. 86.

[98] t. 85.

[99] t. 102.

[100] t. 86.

[101] t. 122.

[102] t. 122.

[103] t. 122.

[104] t. 102.

gwawd a dirmyg ar y Methodistiaid. Canfuwyd y gân hon yn Llyfrgell Coleg y Brifysgol, Bangor, (Llsgr 3212), ac argraffwyd hi yn y *Cylchgrawn Hanes*[105] gyda rhagymadrodd gan E. G. Millward. Ni wyddys pwy oedd Ned Lloyd, ond mae'r holl enwau personol ac enwau lleoedd a weodd i'w gân yn awgrymu fod ganddo wybodaeth fanwl o'r cylch ac adnabyddiaeth ohono. Cefndir y gân yw ymweliad Harris â'r Bala yn 1741, ac ynddi mynegir teimladau gwrth-Fethodistaidd a ferwai ym Mhenllyn ar y pryd.

Galwad sydd yn y gân ar i bob heliwr o bwys ym Mhenllyn (yn bennaf y boneddigion a'r offeiriaid) i benderfynu ar ddiwrnod y gellir ymuno mewn un helfa fawr yn yr ymdrech i ymlid y Methodistiaid o'r tir. Ni ellir llai na sylwi ar y gwahaniaeth rhwng yr ebychiadau canmoliaethus sy'n disgrifio'r helwyr a'r malais a'r duchan a bentyrrir ar y Methodistiaid. Ar y naill law, disgrifir yr helwyr gydag ymadroddion a throsiadau megis *blodeuyn llon, blodau cwmpeini, brig ein bron, o Lwydiaid gwych, aer da didwyll, pen brigyn ein bro,* ac wrth gwrs, yr awgrym sinistr wrth grybwyll y [g]*wŷr mawrion... a garant y Goron,* fod annheyrngarwch i'r brenin yn un o nodweddion y Methodistiaid. Ar y llaw arall, pardduir y Diwygwyr. Haerir am Harris mai *madyn sydd gyndyn o'i go* ydoedd. Gwawdir Jenkin Morgan â'r llysenw *Siencyn wyneb llau.* Diau y cyfeirir at y ddau gyda'i gilydd pan sonnir am *hela'r lloeau drwg eu llun tros Ferwyn.* Cystwyir eu dilynwyr gyda'r ymadroddion *giwed ddrwg ei moes, gwehilion pob crefydd.* Yng ngolwg y bardd *Nid ydynt ffit i fyw mewn gwlad efo pobol,* eithr yn hytrach, *canlyn geifr drwg eu nad sydd ffitia i'r had diffaith.* Ac os digwydd i'r hela fethu, meddai Ned Lloyd, bydd raid troi at y gyfraith. Bydd y ddau Ustus, (Price y Rhiwlas a Rowland Lloyd) yn gallu cyflawni'r gwaith o yrru'r *Pengrynion* ar ffo. Byddai hynny'n *rwystro hau'r efrau yn yr ŷd.*

Diau mai pinacl yr erlid oedd y driniaeth a ddioddefodd Harris yn ystod ei drydydd ymweliad â'r Bala, 'yr amharch mwyaf a ddigwyddodd iddo yn ei holl fywyd.' Dyna pryd y llusgwyd ef o dŷ Catherine Edward,

---

[105] *CH,* LX (Mawrth 1976), tt. 82-86. Am gerdd Saesneg 'The Methodist' gan un arall a fagwyd yng nghyffiniau'r Bala, gweler yr erthygl ar Evan Lloyd (1734-1776) yn *Cydymaith i Lenyddiaeth Cymru,* Caerdydd, 1986.

y merched yn ei drybaeddu â thom yr heol, a'r meibion â'u dyrnau a'u pastynffyn yn ei guro'n ofnadwy..... Torasant amryw archollion ar ei ben ac yr oedd ei waed yn lliwio cerrig yr heol.[106]

Triniaeth gyffelyb a roddwyd i nifer o bregethwyr eraill: ymosod ar Jenkin Morgan ac yntau ar ei geffyl ar fin y ffordd wrth y llyn,[107] a William Richard Lloyd o Sir Aberteifi yn gorfod pregethu i'r ychydig gredinwyr yn y Bala cyn iddi ddyddio 'am fod gwrthwynebrwydd pobl y dref cymaint.'[108]

Nid yw John Evans yn adrodd yr hanesion am yr erlid personol a ddioddefodd ef. Daw'r awgrym cyntaf o'r hyn a ddioddefodd yn ei Farwnad,[109]

Derbyniodd air yr iechydwriaeth,
Dioddefodd erlidigaeth faith,
Ei esgyrn unwaith ga'dd eu dryllio,
A'i gorph ei glwyfo lawer gwaith.

Daw mwy o fanylion yn 'Cofiant Mr. John Evans.' Sylwer ar ddau bwynt yn arbennig o'r dyfyniad isod: yr oedd John Evans yn gwybod pryd i guddio a'i fod hefyd yn gwybod sut i faddau.[110]

Amcanodd rhai o foneddigion cymmydogaeth y Bala, er mwyn cael gwared ohono o'r wlad, i'w *bressio* yn filwr yng ngwasanaeth y brenhin; ac wedi cael hyspysrwydd fod y swyddogion yn bwriadu ei ddal i'r diben hynny, bu gorfod iddo ffoi o'i dy, a bu yn ymguddio mewn cae o yd ym mhlwyf Llangower, gan orwedd ar ei dorr y rhan fwyaf o'r diwrnod. Cafodd ei luchio a'i faeddu mewn amryw fannau lle byddai yn myned i bregethu, ac yn gorfod diangc am ei einioes, a'i erlidwyr yn dilyn ar ei ôl yn dra ffyrnig. Tarawyd ef unwaith yn y tywyll-nos yn fradychus gan un o'i erlidwyr ar yr heol yn nhre'r Bala, â charreg, yr hon a ddaliai yn ei law: a thorrwyd twll trwy ei wefus isaf ac un o'i ddannedd, ac yntau syrthiodd yn ei lesmair. Er hynny cafodd wybod pwy a wnaeth y weithred ysgeler: a chyn belled oedd oddiwrth ymddial, fel y dangosodd ei fod wedi cwbl faddeu iddo, ryw yspaid o amser wedi hynny, trwy dalu am ei ginio mewn ty tafarn, lle cyfarfuant â'u gilydd, yn Mettws Gwerfil Goch.

Wrth adrodd ei atgofion am ddechreuadau Methodistiaeth yn

---

[106] t. 103.

[107] t. 87.

[108] t. 90.

[109] Dafydd Cadwaladyr, *Marwnad er Coffadwriaeth am y diweddar Mr. John Evans, o'r Bala*, Bala, 1817.

[110] *Trysorfa*, III, t. 98.

Abermaw, addefa John Evans mai gwrthwynebiad a gafwyd yno yn hytrach nag erlid.[111] Ond yn Nolgellau yr oedd y sefyllfa'n bur wahanol.[112] Yn ei llythyr at Howel Harris a gyhoeddir yn yr Atodiad achwyna Jane Owens iddi brofi miniogrwydd yr erlid. Poerwyd arni ar y stryd a lluchiwyd cerrig a thom yr heolydd ati er mwyn ceisio ei gyrru o'r dref. Aflonyddwyd ar ei chartref gan fonedd a gwreng yr ardal wrth iddi hi a'r ychydig Fethodistiaid a gynullai yno gynnal Cyfarfod Gweddi. Eithr trwy'r cyfan bu'n ddihangol.

Cyfrinach y newid

Er gwaethaf pawb a phopeth, llwyddo ym marn John Evans, a wnaeth ymdrechion y Methodistiaid cynnar. Yr esboniad ar y llwyddiant hwn yw hanfod athroniaeth hanes llenyddiaeth Fethodistaidd gynnar. Nid tanbeidrwydd Jenkin Morgan na gwroldeb Harris a'i fygythiadau wrth bregethu oedd gwir achos y llwyddiant. Yr oedd hwnnw i'w briodoli i ddim llai nag ymyrraeth ddwyfol. Pan bregethodd Jenkin yn Nhŷ Nant, 'llaw'r Arglwydd' a ddisgynnodd ar y gwmnïaeth ysgafala yn yr ysgubor.[113] Dymuniad Thomas Charles oedd cael hamdden i gael rhagor 'o hysbysrwydd am y pethau gynt a'r dull *yr ymwelodd yr Arglwydd*' â'n gwlad.[114] Ar ôl ymweliadau'r Tadau enwog â chylch Penllyn daeth nifer o gynghorwyr heibio, ac meddai John Evans amdanynt, 'Cynysgaeddodd Duw ddynion â doniau addas i gynghori'i gilydd.'[115] Yn ddi-ddadl, yr oedd 'lle i feddwl i Dduw arddel hyn o ddechreuad.'[116] Ac nid yn y Bala a'r cyffiniau'n unig y profwyd yr arddeliad hwn. Adroddir am Thomas Foulkes a John Evans yn pregethu gyda'i gilydd yn Llannerch-y-medd yn y gyntaf o'r gyfres o Gyfarfodydd Pregethu y deuthpwyd i'w hadnabod yn ddiweddarach fel 'Sasiwn Môn'. Esboniad

---

[111] t. 115.

[112] t. 109.

[113] t. 100.

[114] t. 110, Yr italeiddio gan y Golygydd.

[115] t. 129.

[116] t. 85.

John Evans ar lwyddiant yr ymdrech oedd 'Cafodd pob un ohonom gymorth neilltuol wrth lefaru'.[117]

Ond nid trwy arddel y pregethu yn unig y gwelai John Evans ôl llaw yr Arglwydd. Pan ymdrechodd torf filain a meddw Llanycil daflu ceffyl Jenkin Morgan dros y dibyn i'r llyn i'w ddifetha 'fe'u lluddiwyd gan yr Arglwydd yn ei ragluniaeth dirion.'[118] A phan ymosododd y giwed greulon ar dŷ Catherine Edward a Harris yn pregethu yno 'daioni Duw' a barodd fod pawb yn ddihangol o'u bywyd er bod llawer wedi eu clwyfo a bod llawer o waed ar y llawr.[119] Yr un modd, rai blynyddoedd yn ddiweddarach yn Nolgellau, 'trwy ddiogelwch yr Arglwydd' y dihangodd un o ganlynwyr Harris, 'a'i fywyd yn ysglyfaeth ganddo'.[120]

Canlyniadau'r newid

1. Sefydlu Methodistiaeth yn y Bala a'r cyffiniau

Gellir dweud yn ddibetrus mai canlyniad mwyaf arhosol y diwygiadau hyn ym Mhenllyn oedd sefydlu seiadau Methodistaidd yn y Bala a'r cylch a throi'r dref yn brif ganolfan Methodistiaeth y Gogledd. Mae'r 'Coflyfr' a'r 'Ymddiddanion' fel ei gilydd yn gloddfa werthfawr am hanes cynnar yr achos. Sylwer cymaint y mae haneswyr diweddarach yn pwyso ar y ffynonellau hyn, awduron megis William Williams, Glyndyfrdwy, Robert Owen, Pennal, a D. Francis Roberts a'i ferch, Rhiannon.[121]

Pan gyrhaeddodd John Evans i'r Bala yn 1742 yr oedd yno eisoes 'ddiadell fechan' o rai a alwyd trwy bregethu Harris.[122] Nid oeddynt ond tlodion yng ngolwg y byd, a hyd yn oed ymhen rhai blynyddoedd yn ddiweddarach 'o'r braidd y gallem roddi llety a thipyn o fwyd' i'r

---

117 t. 129.

118 t. 103.

119 t. 87.

120 t. 109.

121 Gweler y Llyfryddiaeth am fanylion y cyhoeddiadau hyn.

122 t. 99.

brodyr o'r Deheudir y pwysent arnynt yn ariannol ac yn ysbrydol am weinidogaeth.[123] Yn 1745, yn ôl 'Coflyfr' John Evans, y penderfynodd 'ynghylch wyth o bobl y dref ymgorffoli yn gymdeithas.'[124] Y bwriad oedd cydgyfarfod yn wythnosol i

> hyfforddi ac adeiladu y naill y llall mewn gwybodaeth fwy manwl o Grist ac ohonynt eu hunain, ac i gyfrannu at achos yr efengyl, a chadw disgyblaeth yn ôl Gair Duw ym mherthynas i'w bucheddau.[125]

Eu harfer ar y cyntaf oedd ymgynnull ar fore a phrynhawn y Sabothau 'i ddarllen y Beibl, gweddïo a chanu mawl,' yn ôl yr 'Ymddiddanion,'[126] eithr ar ôl 'y Beibl' mae'r 'Coflyfr' yn ychwanegu 'a llyfrau iach eraill,'[127] eithr (yn anffodus) heb eu henwi. Un o gymwynasau mawr y 'Coflyfr,' fodd bynnag, yw ei fod yn enwi naw o Fethodistiaid cynharaf y Bala.[128] Yr oedd dwy ystyriaeth yn cadarnhau proffes y rhain, yn ôl John Evans, duwioldeb eu buchedd a dull eu dioddefaint yn nyddiau'r erlid.[129] Diogelwyd tystiolaeth werthfawr amdanynt mewn llythyr a anfonodd Thomas Jones, y cynghorwr o Lanfeigan, Sir Frycheiniog, at Harris ym mis Gorffennaf 1748.[130] Daeth ef a Thomas Sheene, cynghorwr o Sir Faesyfed, ar daith i'r Gogledd. Ar ôl teithio drwy Sir Drefaldwyn

> ni aethom oddi yno i'r Bala, lle mae'r Diafol yn rhyfela, ond yn awr y mae ef mewn golwg o gael y gwaethaf mewn un sens, oherwydd fe ddodwyd dau o'r Brodyr yn gwnstebli. Y mae'r Diafol yn ffaelu â'u blino yn awr y modd y bu efe o'r blaen. Y mae'r Diafol a'i weision yn gorfod cymryd eu traed o'r dref ar y Saboth, a'r Arglwydd a'i blant yn cadw Society yn y dref. Y maent yn gorfod mynd i ben y mynydd eto pan fyddo un dieithr yno, ac ar y mynydd y buom ninnau trwy'r nos yn cynghori, a hi a fu yn

---

[123] t. 105.

[124] t. 90.

[125] t. 90.

[126] t. 99.

[127] t. 89.

[128] t. 89.

[129] t. 96.

[130] Cyhoeddwyd y llythyr yn *CH*, XLI, (Gorffennaf 1956), t. 40. Diweddarwyd orgraff y dyfyniad.

wych iawn arnom.

Erbyn y flwyddyn 1752 yr oedd eu nifer wedi cynyddu i 'ddeugain neu fwy' er gwaethaf y 'chwerwder a chenfigen' a ddangoswyd iddynt gan erlidwyr y dref a'i chymdogaeth.[131]

Deuai gweinidogaeth y Gair i'r cwmni hwn, fel y soniwyd uchod, yn bennaf o gyfeiriad y Deheudir. Un o gryfderau'r 'Ymddiddanion' yw'r modd y mae'r awdur yn gallu cyfleu nodweddion a chymeriad llawer o'r Cynghorwyr Methodistaidd cynnar, dawn a ddatblygwyd ymhellach gan Robert Jones, Rhos-lan, yn y gwaith llenyddol sydd debycaf yn y Gymraeg i'r 'Ymddiddanion' o ran ei ffurf, ei amcan a'i gynnwys, sef *Drych yr Amseroedd.*[132] Daethai John Evans yn gydnabyddus â llu o'r hen Gynghorwyr yn ystod eu teithiau mynych i'r Bala, a gwelwyd nad oedd yntau yn ddieithr i'r Sasiwn pan gyfarfyddai honno yn y De. Mae'n enwi'n arbennig y ddau o Sir Forgannwg, John Belcher a Dafydd William, gan nodi eu patrwm o ddyfod i'r Bala 'bob yn ail chwarter dros rai blynyddoedd.'[133] Ymhlith pregethwyr cynnar y Gogledd a enwir ganddo y mae Lewis Evan, Llanllugan, Sir Drefaldwyn,[134] a rhoddir lle anrhydeddus i Evan Moses, y cynghorwr cyntaf o blith Methodistaidd y Bala,[135] a'r gŵr y disgwyliwyd iddo 'anfon adroddiad am eneidiau yn y Bala a'r cylch,' yn ôl cofnodion Sasiwn Llanidloes, Mai 1750.[136]

Mynych yr anogodd Harris y dychweledigion i ffurfio seiadau (fel y gwelir maes o law). Yn y Bala ac yn Llanuwchllyn fe bwysai am hyn. Erbyn diwedd ei ail ymweliad â Phenllyn hyderai Harris fod dwy seiat wedi eu sefydlu, ond nid yw'n crybwyll eu lleoliad. Mae William

---

[131] t. 90.

[132] Trefriw, 1820, yn arbennig tt. 173-192. Sylwa J.E.Caerwyn Williams, 'rhaid fod yr *Ymddiddan rhwng Scrutator a Senex* wedi rhoi symbyliad, yn ogystal â phatrwm, i Robert Jones i fynd ati i sgrifennu'r *Drych.*' - 'Robert Jones, Rhos-lan: yr Hanesydd,' *Trafodaethau Cymdeithas Hanes Sir Gaernarfon,* 1963, t. 185.

[133] t. 91.

[134] t. 90.

[135] tt. 89, 90, a 118.

[136] *HMGC,* Cyfrol I, t. 192.

Richard, Abercarfan, wrth ysgrifennu at Harris yn Ionawr 1748/9 yn enwi tair seiat ym Mhenllyn: un yn y Bala, yr ail ym Mhenmaen, sef yr ardal o gwmpas Tŷ Nant ym mhlwyf Llanfor, a'r drydedd yn y Glyn, sef Glyngower, ym mhlwyf Llangower.[137] Cyn diwedd y ddeunawfed ganrif a blynyddoedd cynnar y bedwaredd ganrif ar bymtheg yr oedd seiadau ac achosion y Methodistiaid wedi lledu drwy Benllyn: Llandderfel, Llwyneinion, Llanuwchllyn, y Parc, Tal-y-bont a Llidiardau, Celyn, a'r Sarnau.[138] Dyma'r llwyfan a osodwyd ar gyfer gwaith mawr Thomas Charles, ac ar gyfer aelodau'r seiadau hyn y cyhoeddodd *Crynodeb o Egwyddorion Crefydd* (Trefeca, 1789), *Trysorfa Ysprydol* (Caerlleon, 1799), *Geiriadur Ysgrythyrol* (Bala, 1805) a'r *Hyfforddwr yn Egwyddorion y Grefydd Gristionogol* (Bala, 1807). Nid oes ddwywaith nad ar gyfer yr un gynulleidfa yr ysgrifennai John Evans.

2. Newid moesol a chymdeithasol

Un o themâu cyson John Evans yw'r newidiadau a ddaeth ar y gymdeithas a bortreedir ganddo. Yr oedd yn cofio cyfnod o 'gaddug o dywyllwch dudew' yn gorchuddio cylch Penllyn pan gyrhaeddodd ef yno yn 1742.[139] Treulid y Saboth yn 'ymddifyrru mewn pob chwareyddiaethau'[140] neu'n cynnal priodasau pryd y byddai'r 'ferch yn aml iawn yn feichiog cyn mynd i'r llan.'[141] Nodweddid yr achlysur gan loddest a meddwdod a phob afledneisrwydd.[142] Manylir am lygredigaethau ynfyd gwylnosau ynghyd â'r arferion a'r ddefodaeth.[143]

Ond bellach, yn ôl John Evans a'i gyd-Fethodistiaid, daeth tro ar fyd. Gwelwyd y newid yn y gwylnosau. Nid dileu'r arfer o gynnal gwylnos

---

[137] *CH.* XI, (Hydref 1926), t. 82.

[138] *MDM*, tt. 79, 96, 129, 152, 165, 179, 188, 207.

[139] t. 113.

[140] t. 124.

[141] t. 125.

[142] t. 95.

[143] t. 127.

a wnaed ond ei droi at ddibenion Methodistaidd. Oherwydd hynny deuai pobl at ei gilydd

> i ddarllen Gair Duw, i weddïo, ac i gynghori'i gilydd mewn modd tebygol i alw'u hystyriaethau at bethau'r byd tragwyddol.[144]

Bu newid mewn priodasau. Nid oedd dewis yn y cyfnod hwn ond priodi yn yr eglwys, ond ar ôl hynny âi'r fintai briodasol i'r capel i wrando ar bregeth

> gyda golwg neilltuol ar yr amgylchiad hwnnw, am ddyletswydd gwŷr a gwragedd tuag at ei gilydd yn ôl Gair Duw, pa fodd y dylent lywodraethu'r teulu, ac ymddwyn tuag at bawb o'r teulu fel rhai sydd i roddi cyfrif am hynny yn nydd mawr y farn, a rhodio ym mhob peth yn addas i'r efengyl sanctaidd.[145]

A daethai'r Ysgol Sul yn sefydliad o bwys a lliaws mawr o bobl yn ymdrechu dysgu darllen.[146]

Mae geiriau cyfarwydd Dr R. T. Jenkins wrth iddo ddisgrifio'r chwyldro a ddaeth i Gymru trwy'r Diwygiad Methodistaidd yn mynnu brigo i'r cof,[147]

> Gafaelodd mewn cenedl fud - gwnaeth hi'n llafar; rhoes ar ei gwefusau iaith goeth y Beibl Tuduraidd hardd y dysgodd Gruffydd Jones a'i ganlynwyr y bobl i'w ddarllen. Gafaelodd mewn cenedl ddifeddwl; dysgodd ddifrifwch iddi; .... Gafaelodd mewn cenedl ysgafn ei llawenydd a'i gofid; ysgydwodd hi i waelodion ei natur; agorodd ei llygaid, meinhaodd ei chlust.

Ni ellir osgoi'r casgliad fod y newidiadau a nodir gan John Evans yn cadarnhau'r dyfarniad hwn.

---

[144] t. 127-128.

[145] t. 126.

[146] t. 124.

[147] *Hanes Cymru yn y Ddeunawfed Ganrif,* Caerdydd, 1930, t. 103.

8. Asesu gwerth hanesyddol

Ffynonellau

Wrth drafod a defnyddio'r deunydd a gyflwynir yma fel ffynhonnell hanesyddol y mae angen bod yn ofalus. Nid tynnu oddi ar ffynonellau cynefin ysgrifenedig a wnaeth John Evans, ond, yn ôl pob tebyg, pwyso ar atgofion a glywodd dros gyfnod o drigain mlynedd a chofnodi'r hyn a gofiai yntau am y dyddiau gynt. Dyma, ond odid, sy'n penderfynu ar ei ddewis o ddeunydd: mae'n anwybyddu holl hanes y Crynwyr a'u cyfraniad goludog i dreftadaeth ysbrydol Sir Feirionnydd, sy'n syndod o gofio mor agos yw Hendre Mawr, Y Wern Fawr a'r Lleithgwm, a Hafod Fadog i'r Bala, a chapel Tabor i Bant-y-cra yn ardal Dolgellau, yn ogystal ag ymweliadau Howel Harris â Môn.

Traddodiad llafar aelodau'r seiat Fethodistaidd a ffurfiwyd yn y Bala yw man cychwyn ei waith. Er enghraifft, mae'n cofnodi yr hyn a glywodd am gorffoli'r seiat, pwy oedd yr aelodau, a pha le y cynullent,[148]

> yn fynych yn nhŷ un Edward William ab Edward y Gwydd yn agos i'r *Eagles*,

dyma'r tŷ, fel y gwelwyd, y lletyodd John Evans ynddo pan gyrhaeddodd y Bala yn 1742, a gellir bod yn weddol hyderus mai gŵr y tŷ a roddodd y wybodaeth hon iddo. Wrth adrodd hanes oedfa Jenkin Morgan yn Nhŷ Nant mae John Evans yn enwi'r un gŵr, Edward William ab Edward, fel cydymaith y pregethwr. Naturiol yw casglu mai ar yr un ffynhonnell lafar y pwysodd arni eilwaith. Ond wrth dafoli gwerth parhaol yr oedfa yn nhermau bywyd y dychweledigion, fe ddywed John Evans yn y Coflyfr,[149]

> Mi a adwaenwn bump o bobl ag yr wyf fi yn hollol gredu a wir alwyd y nos hon, pa faint ychwaneg, nis gwn.

Ysgrifennodd yn yr 'Ymddiddanion',[150]

> Myfi a adwaenwn bump o'r bobl hyn a gawsant eu galw yn yr oedfa hon

Mae'r sylwadau hyn yn dangos symudiad o ddibynnu ar yr hyn a

---

148 t. 87.

149 t. 89.

150 t. 100.

glywodd i'r hyn a wyddai ac a gofiai.

Mae'n amlwg fod yr elfen hon o dystiolaeth ac atgof personol yn bwysig yn ei olwg. Ei fwriad oedd ceisio bodloni Thomas Charles

> drwy fynegi ... yr hyn oll a wn i amdano ac oeddwn yn dyst ohono.[151]

Enghraifft o'r ymwneud personol hwn â'r digwyddiadau sydd o'r tu ôl i'r geiriau

> Yr oedd Thomas Foulkes o'r Bala a minnau'n pregethu yno,[152]

sef yn y Chwaen Hen, Sir Fôn, ar achlysur cychwyn Sasiwn Môn. Drachefn y mae'n tynnu oddi ar ei gof,

> Hyd yr wyf fi'n cofio, bu William Evans a Robert Jones mor ffyddlon â neb yn eu hymdrechion i bregethu mewn lleoedd tywyll annuwiol ym mhen uchaf y sir hon.[153]

Yr oedd un anfantais fawr o bwyso cymaint ar y cof, ac nid yw Thomas Charles yn fyr o atgoffa John Evans o hynny,

> Gallaf feddwl yn hawdd fod eich cof yn amharu fel yr ydych yn heneiddio.[154]

Ond prin yr oedd raid iddo: yr oedd yr hynafgwr mwyn eisoes yn dra ymwybodol o'r perygl,

> Y mae fy nghof, fel popeth arall, yn pallu.[155]

Dyma, felly, un o'r prif broblemau wrth ystyried gwerth hanesyddol y dogfennau hyn: nid ydynt yn pwyso ar ffynonellau cynefin ar wahân i'r darnau hunangofiannol, ac y mae rhywfaint o berygl i'r cof fod yn ffaeledig.

Cywiro a gwirio

Gwelwyd yn barod beth oedd cymhellion a bwriad John Evans: yn sicr nid oeddynt yn cynnwys cyflwyno hanes diduedd a gwrthrychol. Tynnwyd sylw at un enghraifft yn hanes Dolgellau lle mae'n ymddangos i'w gof fethu rhwng 'Jane Griffith' a 'Jane Owens,' ac nid yw Robert

---

[151] t. 117.

[152] t. 129.

[153] t. 115.

[154] t. 119.

[155] t. 113.

Jones, Rhos-lan, yn brin o'i gywiro pan deimlai fod angen gwneud hynny.[156] Eithr pan sonia John Evans am arfer y Methodistiaid o gydgyfarfod yn y plygain, daw ateg o hynny yn adroddiadau Ymweliad Esgobol plwyf Llanycil yn 1745, 'Of late there arose some Methodists here, who assemble before day from house to house, pray, and sing Psalms,' yn ogystal â'u 'nocturnal Assemblies' yn Llanuwchllyn. Pwysleisir mai tlodion oedd y Methodistiaid cynnar, a chadarnheir hyn yn yr Adroddiadau am 1749 trwy eu galw'n 'Multitudes of the lower Rank,' 'most ignorant,' a 'the contagion [sef Methodistiaeth] is pretty much confined to ye Dregs of ye People here.'[157] A phan mae John Evans yn adrodd hanes cychwyn Methodistiaeth Abermaw, dyry le anrhydeddus i Robert a Hugh Griffith. Nodir mai yn y flwyddyn 1775 y bu farw Robert Griffith, a chadarnheir hynny gan Adysgrifau'r Esgob o blwyf Llanaber, pan gofnodir claddu ar 'Novr. 19. Robert Griffith, Shopkeeper.' Ei fab, Hugh Griffith, yw gwir ddiddordeb John Evans, ac ef yw'r 'bachgennyn' y cyfeiria ato ddwywaith. Meddai 'Bu farw yn 1776, yn y 15fed flwyddyn o'i oed.' Cadarnheir hyn gan y cofnodion eglwysig. Ar y chweched o Ionawr 1761 bedyddiwyd Hugh Griffith, mab Robert Griffith, Siopwr, a'i wraig, ac fe'i claddwyd 'Octr. 11 1776. Ac yna'n annisgwyl yn y dogfennau hyn, ychwanegwyd mewn pensil, 'started Methodist cause.'[158]

Ymweliadau Harris â Phenllyn

Mae'r 'Coflyfr' a'r 'Ymddiddanion' yn disgrifio tair taith gyntaf Harris i Benllyn, a buddiol wrth geisio pwyso a mesur cyfraniad John Evans i hanesyddiaeth Methodistiaeth fyddai cymharu'r ddau adroddiad. Eithr nid digon cymharu'r adroddiadau â'i gilydd: yn y pendraw er mwyn eu tafoli'n briodol y mae'n rhaid eu cymharu â phrif ffynhonnell ein gwybodaeth am y digwyddiadau hyn, sef Dyddiaduron Harris ei hun. Y cam cyntaf, felly, yw troi at y Dyddiaduron a gweld beth sydd gan

---

[156] *DA*, tt. 119. 'Ond cyn gadael Meirionydd; er fod genyf y parch mwyaf i ysgrifenydd y *Drysorfa*; eto yr wyf yn deall iddo gael yr hanes, am y wraig a safodd rhwng y pregethwr a'r erlidwyr, yn anmherffaith; ac mewn rhan yn gamsyniol.'

[157] Dyfynnir gan R.T. Jenkins, *HCHGLl,* t. 202-203.

[158] Adysgrifau'r Esgob o blwyf Llanaber, Ll.G.C.

Harris i ddweud drosto'i hun am ei anturiaethau ym Mhenllyn.

Y daith gyntaf

Gadawodd Harris Drefeca[159] ddiwedd Ionawr 1740 ar daith tua'r Gogledd. Teithiodd drwy Lanfair-ym-Muallt, Rhaeadr Gwy, a Llandinam, gan gyrraedd Llanbryn-mair erbyn Chwefror 9fed. Yn ei Ddyddiadur[160] am ddydd Mawrth, Chwefror 12fed, mae'n dechrau disgrifio'i daith o Gwmgwereinin ym mhlwyf Cemais trwy Fawddwy ac i Lanuwchllyn. Disgynnodd oddi ar ei geffyl ar gyfer bwthyn bychan a llawenhau pan welodd hen wraig yn llawn cariad tuag at Air Duw a Christ. Yr oedd yn hoffusach ganddo fod yn ei thŷ hi nag mewn palas. Bwytaodd ychydig o fara ceirch a chaws yno, cyn anelu i gyfeiriad cartref Meurig Dafydd yn y Weirglodd Gilfach. Wrth fynd drwy Lanymawddwy dechreuodd plant ac eraill alw ar ei ôl. Yr oedd Satan yn rhuo ac yn chwerw iawn. Pan ddaeth yn agos i'r eglwys dechreuodd oedolion a phlant weiddi ar ei ôl ef a'i gydymaith (Jenkin Morgan), a hysio'r cŵn arno. Gofynnodd rhyw wraig iddo (gwraig fonheddig yn ôl a ddeallodd yn ddiweddarach) beth a fynnai ef yno, ddiafol colledig. Ar hynny taflwyd ato dywarchen o bridd gan fod y cerrig wedi rhewi yn y ddaear. Gwelodd fwy o ddichellion Satan ynddi nag a gafodd o ddolur. Gwaeddasant ar ei ôl drachefn, ond cadwynodd yr Arglwydd hwy a chau eu safnau.

Yn ddiweddarach fe gyrhaeddodd eglwys Llanuwchllyn, pentref a ddisgrifir ganddo fel *'a little Town by Bala pool.'* Ac yntau'n llwgu, dechreuodd bregethu tua phump o'r gloch i rai cannoedd o wrandawyr ar dröedigaeth Paul. Fe'i galluogwyd i efengylu yno gyda nerth ac yr oedd llawer yn wylo. Ar ôl y bregeth aeth i'r tŷ, ond yn anffodus daeth ysbryd ysgafnder ar y gynulleidfa yno ac mae Harris yn gruddfan wrth feddwl mor fuan y cipiwyd y gair o galonnau'r gwrandawyr. Eithr ar ôl cael tamaid o fwyd teimlodd fod drws newydd yn agor iddo. Pregethodd ar gwymp y ddynoliaeth a sut y bu i hynny agor drws i Dduw ddangos ei gariad tuag atom. Dangosodd yntau gariad Duw. Agorwyd drws drachefn a darllenodd yntau Rhufeiniaid 12 gan ganu a gweddïo ac

---

[159] *The Itinerary of Howell Harris 1735-1745, CH,* VIII.3 (Rhagfyr 1923), t. 28.

[160] Ll.G.C. A.M.C. Dyddiadur Harris rhif 52.

esbonio'r Gair i'r bobl a roddent glust iddo. Unwaith eto dechreuasant wylo a theimlai Harris amdanynt eu bod yn bobl ddiniwed, gariadlon. Gweddïodd yn daer y noson honno am i'r Arglwydd roddi iddo ei Ysbryd er mwyn iddo'i ogoneddu a'i garu. Yn y tŷ hwn, yn hytrach nag yn y Weirglodd Gilfach, y cysgodd y noson honno.

Dydd Mercher

Deffrôdd Harris drannoeth tuag wyth o'r gloch ac ar ôl cyfnod o weddi dechreuodd bregethu i gannoedd tan tua un ar ddeg o'r gloch oddi ar Rhufeiniaid 7 gan bwysleisio llygredigaeth ein natur. Wedi darfod y bregeth daeth yr amser i gychwyn i'r Bala am y tro cyntaf a chyrhaeddodd yno ychydig cyn dau o'r gloch, ddydd Mercher, 13 Chwefror 1740. Pregethodd, meddai, tan bedwar o'r gloch i rai cannoedd o bobl. Wrth iddo bregethu chwarddai llawer ar ei gilydd a thaniwyd dwy ergyd o wn yn bur agos ato. Defnyddiodd yntau bob doethineb posibl. Clywodd Harris un o'r dyrfa'n awgrymu mai Anghydffurfiwr o Bresbyteriad ydoedd, ac felly na ddylai bregethu. Dywedodd yntau ei fod yn aelod o'r Eglwys Esgobol.

Pregethodd y tro hwn ar yr heol yn ymyl yr *Hall*, profiad tebyg i bregethu mewn talwrn ymladd ceiliogod. Cymerodd yn destun rai o bwyntiau catecism yr Eglwys ar y Bedydd, gan sylwi'n gyntaf ar yr addewid, ac yn ail, ar y dyletswyddau tuag at Dduw a dyn. Ni theimlodd lawer o awdurdod yn cydredeg â'r bregeth hon. Ni roddodd llawer eu clustiau i wrando, ond wylodd rhai. Pregethodd drachefn ar Luc 19:12. Yn y tŷ yr aeth i mewn iddo teimlodd ryddid mawr yn codi o adnabyddiaeth gliriach o ddrygioni pechod yn erbyn daioni Duw, a bu hyn yn foddion i argyhoeddi llawer. Eto ofnai na wnaethpwyd llawer o ddaioni yn y Bala er i Harris ei hun deimlo y galluogwyd ef i fod yn ffyddlon. Llefarodd drachefn yn hwyr y dydd gan adrodd wrth y gynulleidfa ddethol pa fodd y datblygodd gwaith y diwygiad o gam i gam yn ogystal â hanes ei dröedigaeth ei hun. Gweddïodd yn y dirgel, 'O Arglwydd, dyro imi dy deimlo di bob amser ynof fi, a galluoga fi i fod yn ffyddlon iti, Arglwydd annwyl.' Ffarweliodd â chyfeillion y Bala mewn cariad mawr i gyfeiriad Tal-ardd[161] a saif ger capel y

[161] Cartref Thomas Owen, yn ôl R. T. Jenkins, *HCHGLl*, t. 59.

Methodistiaid yng Nghynllwyd, (nid nepell o'r Weirglodd Gilfach). Ar y ffordd ymsoniai am gyflwr ysbrydol ei fam. Yn Llanuwchllyn y noson honno fe bregethodd ar ardderchowgrwydd ffydd fel yr allwedd i ddatgloi trysorau gras Duw yn ei addewidion, trysorau sydd wedi eu cloi oddi wrth yr annuwiol. Aeth i'w wely tua hanner nos a thrannoeth ymadawodd â Phenllyn, croesi Bwlch y Groes am Ddinas Mawddwy a dilyn Afon Dyfi i Fachynlleth.

Cymharu

I ryw raddau mae'n annheg cymharu fersiynau John Evans o'r hanes â'r uchod oherwydd y gwahaniaeth sylweddol yn hyd yr adroddiadau. Mae'r 'Coflyfr' yn adrodd yr hanes mewn 182 o eiriau ac mae'r 'Ymddiddanion' yn defnyddio 201 o eiriau, tra mae'r crynodeb uchod (a chofier mai *crynodeb* ydyw) yn cynnwys 763 o eiriau. Eithr ar ôl dweud hynny sylwer yn gyntaf ar y gwahaniaeth dyddiad: '12 Chwefror' medd y Dyddiadur, 'ryw bryd ym mis Mawrth' meddai'r 'Coflyfr',[162] ac 'oddeutu 1739' meddai'r 'Ymddiddanion.'[163] Cyfeiria Harris ei hun at dair pregeth yn Llanuwchllyn y noson honno, y gyntaf ohonynt gyda rhai cannoedd yn gwrando, a dwy bregeth a draddododd drannoeth, y naill yn y bore a'r llall yn yr hwyr ar ôl dychwelyd o'r Bala. Mae'r 'Coflyfr', ar y llaw arall, yn sôn am un bregeth yn Llanuwchllyn, a bod cynulleidfa fawr wedi dyfod ynghyd. Mae John Evans yn ychwanegu at y wybodaeth sydd yn y Dyddiadur drwy ddweud mai 'tŷ Ellis Owen yn y llan' oedd y tŷ y pregethwyd yn ei ymyl, sydd yn gyson â'r Dyddiadur pan sonnir yno am yr eglwys. Ni chrybwyllir am oedfeuon yn Llanuwchllyn yn yr 'Ymddiddanion.'

O droi at yr adroddiad o weithgareddau'r prynhawn yn y Bala, cofnoda Harris iddo bregethu deirgwaith, ond am y gyntaf yn unig y sonia'r 'Coflyfr.' Cytunir mai ger yr *Hall* y safodd Harris i bregethu i gynulleidfa fawr eto. Sonia Harris am y modd yr amharwyd arno gan ddwy ergyd, tra mae John Evans o'r farn y bu pawb yn dra llonydd wrth iddo bregethu, a serchog a charedig iddo wedi iddo ddarfod. Dichon fod adroddiadau llafar o ddwy neu ragor o oedfeuon Harris wedi eu

---

[162] t. 85.

[163] t. 98.

cymysgu yma: ymateb gwrthwynebus y dorf ar y stryd, a gwrandawiad cwrtais y dychweledigion yn y tŷ yr aeth Harris iddo ar ôl y bregeth gyhoeddus. Wrth iddo gloriannu'r ymweliad hwn â'r Bala, gwyddai Harris fod rhai wedi wylo wrth ei wrando, ond ofnai na chyflawnodd lawer o ddaioni. Gallai John Evans, gyda synnwyr trannoeth a thystiolaeth ei gyfeillion ddweud, 'Mae lle i feddwl i Dduw arddel hyn o ddechreuad: mae rhai'n fyw yn awr sydd yn cyfrif amser eu tröedigaeth oddi wrth y pryd hyn.'[164]

Ail ymweliad Harris

Ymwelodd Harris yr ail waith â Phenllyn ddechrau Tachwedd, 1740.[165] Fel y tro cyntaf, o gyfeiriad Dinas Mawddwy a thros Fwlch y Groes y daeth ar y dydd Sadwrn, y cyntaf o Dachwedd. Ymsoniai am ddaioni Duw tuag ato yn anadlu bywyd newydd iddo, a theimlai y galluogwyd ef i bwyso ar Dduw a'i ffyddlondeb trwy ffydd gan gredu fod popeth yr oedd arno'i eisiau wedi'i drysori yn ei Arglwydd. Cyrhaeddodd Lanuwchllyn tua chwech o'r gloch nos Sadwrn, 1af Tachwedd 1740.[166] Gorffwysodd am awr i ddadflino a theimlai nerth mawr wrth iddo ymbil â Duw. Yna pregethodd gyda nerth anghyffredin ar sut y mae Crist yn rhyddhau pechaduriaid. Mae ein hanwybodaeth yn ein caethiwo, meddai, a dyna pa bryd y dechreuwn weiddi, 'Pa beth a wnaf fel y byddwyf gadwedig?' Teimlai Harris fod yr oedfa hyd yma braidd yn sych, ond llewyrchodd Crist ar y cynulliad. Hyderai fod llawer wedi eu rhoi eu hunain i Grist. Yna dangosodd chwe ffordd y gallai plentyn bychan agosáu at Grist yn uniongyrchol. Dechreuodd gymharu'r undeb sydd rhwng Crist a chredadun: Daw etifeddiaeth y gŵr yn eiddo i'r wraig, daw dyledion y wraig yn ddyledion i'r gŵr, mae'r gŵr yn caru'i wraig fel ei lygad ei hun, mae'n agor ei feddwl iddi, mae'n clywed ei chri ac yn cydymdeimlo â hi. Mae hithau'n rhoi popeth sydd ganddi iddo ef, ei dymuniad pennaf yw ei foddhau, mae'n ymhyfrydu yn ei gwmni, mae'n rhedeg at ei gŵr. Mae Crist yn gogoneddu Duw, a dangosodd y pregethwr y ffordd y mae Crist yn galw'r gynulleidfa i roi

[164] t. 85.

[165] *Intinery*, t. 32.

[166] Dyddiadur Harris, rhif 63a.

eu bywydau iddo ef, ac yntau'n rhoi ei gyfiawnder iddynt hwy.

Bu Harris yn ddiwyd yn ysgrifennu tan tua un ar ddeg. Erbyn hynny teimlai'n wan, eto clywodd fod llawer o ddaioni wedi'i gyflawni yno trwy ei lafur tlawd, ond pan oedd yn y gwaith blinid ef gan falchder ysbryd yn erbyn yr Ymneilltuwyr, ac ochneidia oherwydd aflendid ei galon. Mae hefyd yn clywed llawer o newyddion da, yn wir, y mae'n gobeithio fod drws yn agor iddo yng Ngogledd Cymru, hyd yn oed pe byddai hynny'n golygu gadael y De, eithr daliai i ofni ymweld â'r trefi. Teimlai gariad mawr tuag at un o'r Brodyr oherwydd fod Duw yn ymddangos ynddo. Ar ôl bwyta ac eillio, siaradodd tan un o'r gloch y bore. Teimlai faich ar ei galon eto i eiriol dros Ogledd Cymru y byddai Duw yn ymweld â'r trigolion â'i iachawdwriaeth.

Dydd Sul

Pan wawriodd y Sul yr oedd Harris yn dal yn ei wely wedi ymlâdd. Cododd tua naw o'r gloch a phoenai fod ei gnawd yn mwynhau diogi. Mae'n cofnodi'i weddïau preifat gan ddangos gymaint yr ymboenai ei fod mor anghofus o Dduw, a'i fod yn euog o gamddefnyddio rhoddion Duw, megis amser ac arian, arno'i hun yn hytrach nag er gogoniant Duw. Eto mae'n rhyfeddu fod Crist wedi'i roi ei hun iddo a'i ddewis, ac yn awr fod ei holl feichiau wedi'u gosod arno Ef. Nid yw pechodau neb cyn ddued â'i rai ef, ac mae meddwl am hyn yn peri iddo deimlo'n ostyngedig ac yn barod i ddioddef cael ei sathru dan draed gan bawb. Mae'n poeni am yr ysbryd ofnus oedd yn ei gaethiwo, gan gwyno nad oedd neb gwannach nag ef. Eto mae'n gweddïo am gael byw yn gyhoeddus er gogoniant Duw. Mae'n daer am gael ei ryddhau o garchar ei hunanoldeb. Nid yw'n dymuno neb na dim ond Duw. Ar ddiwedd ei ymson mae'n teimlo cariad mawr tuag at yr Arglwydd gyda'i holl galon, ei holl enaid a'i holl nerth, a'i fod am fyw bob munud er ei glod.

Gweddïa Harris ymhellach am undeb ymhlith y Brodyr ffyddlon. Wedi clywed yr oedd fod gwahaniaeth wedi codi rhwng y brawd Daniel Rowland a Griffith Jones, Llanddowror,[167] a'i gais yw ar i'r rhwyg gael ei gyfannu. Mae'n gweddïo drachefn am Ogledd Cymru dlawd, ar i

---

[167] Am gefndir y tyndra gweler Eifion Evans, *Daniel Rowland and the Great Evangelical Awakening in Wales*, Caeredin, 1985, tt. 139-149.

Dduw agor drws i'w Efengyl yno. Mae'n cofio hefyd am Ŵyn Duw yn Llanuwchllyn, ac nid yw'n brin chwaith o eiriol dros waith mawr ei annwyl frawd George Whitefield.

Wrth iddo edrych ymlaen at waith y dydd mae'n ymwybodol o'r anrhydedd a ddaw i'w ran wrth ddisgwyl am yr Arglwydd wrth ei Fwrdd. Ei ddeisyfiad yw am gael cyfarfod ei Arglwydd yno, adlais sicr o'i brofiadau yn eglwys Talgarth, Pasg 1735, a theimla nad oes ar neb gymaint o angen ei Arglwydd ag sydd arno ef. Daw goleuni iddo oddi wrth yr addewid a geir ar ddiwedd Eseia 40, ond mae'n edrych tuag at ei Arglwydd nid yn unig i adnewyddu ei nerth corfforol ond hefyd nerth ei ffydd. Gwyddai y diwellid ei holl anghenion gan Grist ei Arglwydd. Gofynnai am gael arswydo rhag pechod a mwynhau Duw. Teimlai gymaint o gariad tuag at y Beibl fel y dymunai iddo fod yn ysgrifenedig ar ei galon. Gweddïai am gael ei wneud yn barod i farw tros Ŵyn yr Arglwydd, ac mae'n rhyfeddu at gariad mawr Duw tuag ato. Fe'i hetholwyd er mwyn iddo fod yn sanctaidd. Gwyddai nad oedd yn sanctaidd, eto nid oedd dim yr hiraethai fwy amdano na sancteiddrwydd.

Pregeth gyntaf y dydd

Pregethodd Harris ar yr achlysur hwn i gannoedd gyda nerth mawr, yn gwybod fod yr Arglwydd yn ei gynorthwyo. Ei destun oedd, 'Yr hwn y mae'r Mab ganddo, y mae'r bywyd ganddo.' Pwysleisiodd gyflwr colledig ei gynulleidfa a'u bod yn feirw yn eu pechodau oni ddangosent ffydd yn yr Arglwydd Iesu. Yn y Dydd Olaf, Dydd y Farn, byddai eu holl gyfiawnderau megis bratiau budron, a'r unig ffordd waredigaeth yw iddynt garu ei waed ef a phledio ar gyfyng ddydd marwolaeth eu bod yn golledig, a gweiddi am drugaredd.

Yn y llan

Ar ôl gorffen y bregeth hon cyrchodd Harris tua'r eglwys. Teimlai anhawster i agosáu at Dduw, eto gwyddai fod ganddo achos diolch am y goleuni oedd yn Ne Cymru wrth i Dduw gael ei addoli yn y sacrament. Anfonodd neges at y rheithor yn gofyn tybed a ganiateid iddo gymuno, ond ateb siomedig a gafodd. Brysiodd y rheithor drwy'r gweddïau ac ni allai Harris amgyffred beth a lefarodd. Yn wir, meddai, brysiodd gymaint fel na thybiai y gallai bachgen ysgol fynd cyn gyflymed. Ar ben hyn yr oedd ganddo nam ar ei leferydd. Mor dorcalonnus, meddai Harris, oedd yr olygfa o gymaint o eneidiau truain yn methu amgyffred na deall dim a ddywedwyd a heb feddwl am y perygl. Mae melltith yn syrthio ar gynulleidfa pan wneir chwedl o'r Gair. Mor drist yw gweld aur coeth yn troi'n sothach.

Er hynny, mentrodd Harris at yr allor i ofyn i'r rheithor a gâi agosáu at Fwrdd yr Arglwydd. Gyda pheth anhawster fe gytunodd. Eto, ni welodd Harris erioed Fwrdd yr Arglwydd yn cael ei halogi gymaint, ond ni chuddiodd yr Arglwydd ei hunan yn gyfan gwbl oddi wrtho. Teimlai fod ei enaid yn cael ei oleuo wrth glywed y geiriau am gorff a gwaed ei Arglwydd. Wrth iddo weld drachefn fod Crist wedi ei roddi i farw ac atgyfodi er ei fwyn mae'n ymwybodol o'i ddiffyg cariad. Wrth i'r rheithor ddod â'r bara iddo mae'n ei deimlo'i hun yn ostyngedig ac yn dlawd yn ei ysbryd. Mae'n ymateb drwy gydnabod ei dlodi ac oni bai am waith Ysbryd Duw arno byddai wedi darfod amdano. Nid oedd ganddo na nerth na bywyd ond yr hyn a dywalltodd Duw iddo. Diwedda'i ymson drwy eiriol ar ran y bobl a welai o'i amgylch.

Yr ail bregeth

Ar ôl bwyd ymneilltuodd i alaru drachefn am gyflwr yr eneidiau deillion hyn ond eto gan gydnabod cyn lleied yr oedd ef yn ei deimlo trostynt. Mynnai fod Duw yn tosturio wrth ei bobl gan ddod â goleuni iddynt. Yr oedd un broblem fawr ar ei feddwl: a ddylai ddatgelu diffygion y rheithor ai peidio.

Pregethodd eilwaith y diwrnod hwnnw nes ei bod bron yn bedwar o'r gloch i lawer cant ar y drydedd bennod o Efengyl Ioan. Teimlodd gymorth wrth weddïo ac aeth rhagddo i fanylu ar gyflwr y galon ddynol wrth natur, a bod yn rhaid wrth galon newydd. Ymddangosai mwyafrif ei gynulleidfa'n galed, ond aeth Harris yn ei flaen i sôn am ofynion ysbrydol y Gyfraith, a bod pawb, y cyfoethog a'r tlawd, yr ifanc a'r hen, yn osgói derbyn Crist yn Waredwr. Pan welai gydwybodau wedi eu clwyfo galwai hwy at Grist gan ateb holl wrthddadleuon anghrediniaeth. Siaradai iaith y gallai'r pechadur edifeiriol ymateb iddi. Penderfynodd feirniadu'r dull afresymol y carlamwyd drwy'r gweddïau yng ngwasanaeth y cymun yn yr eglwys, gan ddweud na welsai erioed y fath beth, ac mai prin y gallodd aros yn yr eglwys i weld gwasanaeth Duw yn cael ei sarnu gymaint. Anogodd y gynulleidfa i weddïo dros y rheithor rhag iddynt ei lusgo i uffern yn y diwedd. Wylodd llawer yn hidl ar ddiwedd y bregeth.

Eilwaith yn y llan

Gyda'r hwyr aeth Harris i wasanaeth y Gosber yn yr eglwys, ond ni chafodd fudd yno: teimlai'n sych ac yn bell oddi wrth Dduw. Mentrodd at y rheithor a dweud wrtho na allai ei glywed yn llefaru a bod gwasanaeth Duw o'r pwys mwyaf a'i fod yn gresynu ei weld yn cael ei frysio fel ag a ddigwyddodd yng ngwasanaeth y bore. Unig ateb y rheithor oedd holi tybed a oedd Harris yn gallu clywed â'i ddwy glust.

Y drydedd bregeth

Gadawodd Harris yr eglwys a chychwyn eto am Nantydeiliau, a gofidio fel yr âi Duw allan o'i fyfyrdodau, eto yr oedd ei gydwybod yn dynerach ac yn gwarchod ei enaid rhag llawenydd cnawdol. Teimlai fod ei hyder yn gryf yn ffyddlondeb Crist tuag ato. Profodd eto gariad Crist ynghyd â dealltwriaeth felys o fawredd Duw, nes ei weld ei hun yn ddim. Pregethodd drachefn, y drydedd waith y Sul hwn, ar Weddi'r Arglwydd, a theimlodd ei fod wedi derbyn goleuni mawr a nerth i lefaru gair y gwirionedd. Yn y bregeth hon gwahaniaethodd Harris rhwng perthynas dyn â Duw yn y greadigaeth (Satan yw'n tad drwy natur) a'r berthynas rhyngom a Duw yng Nghrist. Dyna pryd y daw ysbryd mabwysiad i'n calon. Mae'n gresynu eto mor amddifad ydyw o gariad perffaith. Yng Nghrist yr ydym yn greaduriaid newydd a chennym feddwl plant Duw. Profodd gymorth i ddangos gydag awdurdod mawr fod Duw yn ddychryn y tu allan i Grist, ond mai Crist yw'r ffordd at Dduw. Mae bywyd a goleuni'r credadun yng Nghrist. Cyhoeddodd y gwirionedd am Gyfiawnhad trwy Ffydd, gan ddeisyf gweddïau'r gynulleidfa i fod yn ffyddlon hyd y diwedd, ac y caffai ef ei hun ei achub rhag gwaed pob dyn. Wylodd llawer eto, a dangosodd Harris iddynt mor druenus oedd eu cyflwr heb Grist yn eu bywyd, ar awr angau ac yn y farn. Dangosodd ymhellach fod maddeuant pechodau yn dod trwy Grist: fod Duw yn caru Crist ac yn eu caru hwythau yng Nghrist.

Anogodd hwy i ystyried cyfarfod mewn seiadau gan bwyso ar addewidion Crist.

Wrth edrych yn ôl ar yr oedfa hon teimlai Harris ei fod wedi cadarnhau'r credinwyr a'u cychwyn ar eu pererindod yng Nghrist. Dangosodd iddynt na allent fod o gymorth i Grist heb fod yng Nghrist. Ni allai'r dyn cnawdol lefaru Gweddi'r Arglwydd. Manylodd ar y ffordd y mae dod at Grist, gan sylwi'n arbennig ar Bartimeus na ddigalonnwyd mohono er gwaethaf yr anawsterau. Gweddïodd ar i ogoniant mawr Crist gael ei arddangos, oherwydd wrth i'r credadyn ei dderbyn Ef daw popeth yn eiddo iddo. Teimlai ei fod wedi ei uno â'r gynulleidfa hon â chariad mawr.

Yn y seiat breifat a ddilynodd trafododd Harris y posibilrwydd o anfon Methodist i weithio yn eu plith, eto gwelodd fod balchder ysbryd yn gryf ynddo. Gan hynny gweddïodd gan ddiolch am ffyddlondeb Crist ac am iddo gofio'i gariad a'i gyfamod ag ef. Ysgrifennodd ei Ddyddiadur nes iddi droi hanner nos. Daliai i ymson am ei anghrediniaeth yn anghofio Duw a thywallt ei galon mewn edifeirwch oherwydd ei natur. Gofidiai gymaint y syrthiasai yn Adda, eto gwyddai ei fod wedi ei adfer yng Nghrist. Hiraethai am weld rhagor o'i drueni er mwyn dinistrio'r hunan a throi at Grist. Gwyddai fod pob arwydd o gariad Duw tuag ato yn ddiwerth oni bai fod ganddo galon newydd a ffydd gref. Gwyddai fod Duw wedi ei garu yng Nghrist, wedi ei ddewis yn rhad, a bod heddwch i'w gael yn ei waed a'i farwolaeth. Dymunai uwchben popeth fod delw Duw yn cael ei rhoi iddo er mwyn iddo fedru gogoneddu Duw yn y cyfan a wnâi ac a ddioddefai. Mor barod yr oedd i wadu ei Arglwydd oherwydd ofn caethiwus, a gweddïa am ryddhad. Yna cafodd galon i weddïo dros ei Frodyr, (ei gyd-ddiwygwyr), dros dref y Bala lle bwriadai fynd drannoeth, a thros ei fam a'i frodyr. Erbyn iddo ysgrifennu hyn i gyd yr oedd yn dri o'r gloch y bore.

Dydd Llun

Arhosodd Harris yn ei wely yn Nantydeiliau tan tua hanner awr wedi naw ar y bore Llun hwnnw, 3 Tachwedd 1740. Wedi codi a threulio peth amser mewn gweddi breifat, aeth i lawr at y teulu i frecwasta a chynnal defosiwn. Erbyn un ar ddeg o'r gloch yn oedd yn barod i gychwyn tua thref y Bala, ac ar y ffordd tuag yno fe'i ffieiddiai ei hun fel y truenusaf a'r gwanaf a anfonodd Duw erioed i weithio drosto. Ond ar y ffordd cyfarfu â brawd yn y ffydd, ac er iddo deimlo ofn caethiwus yn dychwelyd, trodd ei lygaid tuag at ffyddlondeb Crist. Teimlodd ei hun yn cael ei lenwi â nerth fel bod awdurdod wedi ei roddi iddo eto, a chyrhaeddodd y dref yn llawen ac o'r herwydd gallai gerdded gyda gwroldeb.

Oedfeuon y Bala

Cyrhaeddodd Harris y Bala'n hyderus ei ysbryd ar gyfer ei ail ymweliad a dechreuodd ei weinidogaeth yno drwy gynghori'n breifat. Yna am hanner dydd aeth i ryw fuarth, buarth y *Cross Keys* ond odid, ac fe'i cynorthwywyd i bregethu gyda nerth tra anghyffredin. Nid oedd wedi profi'r fath nerth ers talwm, ac ar ôl canu Salm 46 cafodd awdurdod a hyder wrth weddïo cyn dechrau llefaru ar y geiriau, 'Os y Mab gan hynny a'ch rhyddha chwi, rhyddion fyddwch yn wir,' (Ioan 8:36). Derbyniodd nerth i lefaru wrth bechaduriaid cyhoeddus, ac mae'n amlwg eu bod wedi cael eu hargyhoeddi wrth iddo ddangos y pethau y rhyddheir hwynt oddi wrthynt gan Grist. Ymhelaethodd ar y pwnc, ac i bob golwg yr oeddent wedi eu toddi gan gariad. Yna fe dorrwyd ar draws y pregethwr wrth i rywun dynnu yn ei lawes a'i orchymyn i ddod i lawr, ond gafaelodd y gynulleidfa ynddo a'i yrru ymaith. Dechreuodd Harris bregethu drachefn gyda nerth ar y geiriau 'Yr hwn y mae y Mab ganddo, y mae y bywyd ganddo,' (1 Ioan 5:12). Pwysleisiodd ddau beth: fod holl fendithion yr efengyl i'w cael yng Nghrist, ac mor ddychrynllyd fuasai ein cyflwr heb Grist. Anogodd ei gynulleidfa i ddysgu darllen Cymraeg. Galwodd hwynt at Grist, gan bwyso arnynt i ddod. Rhoddodd gyfarwyddyd clir iddynt drwy ddangos iddynt eu cyflwr colledig heb Grist, nad ydynt yn wahanol i bechaduriaid cyhoeddus Sodom a Gomora. Yr oedd y dewis yn glir: unai fe'u dinistrir hwy neu fe ddistrywir eu pechodau. Teimlai'n wan erbyn hyn ond trwy edrych ar Grist fe adnewyddwyd ei nerth. Daeth yr oedfa i ben am ddau o'r gloch.

Ymson

Ar ddiwedd ei adroddiad am yr oedfeuon hyn daw ymson arall gan Harris. Mae'n llawenhau ei fod wedi ei alluogi i syllu ar ffyddlondeb Crist, ac fe gadwodd hynny ef yn ostyngedig. Mor annwyl yw'r

Arglwydd Iesu yn ei olwg, oblegid oddi wrtho ef y deuai ei fywyd a'i oleuni a'i nerth. Mor dda, meddai, yw ymddiried yn llwyr yn yr Arglwydd. Mae am foliannu ei annwyl Arglwydd ac mae'n canfod ar ôl pob erledigaeth fod yr Arglwydd yn ei ddatguddio'i hun yn felys iddo. Mae'n gweld fod ei gorff yn rhywbeth a roddwyd iddo er mwyn gwasanaethu Crist. Mae'n ymhyfrydu yng nghymdeithas ei Arglwydd ac yn pwyso'n brofiadol ar ffyddlondeb Crist. Daw'r ymson i ben drwy eiriol ar i'r Arglwydd drugarhau wrth Ogledd Cymru druan sydd â'i phobl megis defaid heb fugail. Mae'n hyderu fod yr Arglwydd yn agor drws yma i'w Air.

Seiadu

Mae gweithgarwch nesaf Harris yn mynd ag ef i mewn i dŷ'r *Cross Keys* a chynnal seiat gyda'r dychweledigion. Mae'n canu emyn a gweddïo, ac annog ei gynulleidfa i lynu'n dyn wrth yr Arglwydd. Mae'n rhannu â hwy ei argyhoeddiad fod yr Arglwydd wedi sefyll wrth ei ymyl ac atgyfnerthu'r dyn oddi mewn yn ogystal â'r dyn oddi allan. Anogodd hwynt oll i ddarllen ac i ffurfio seiadau ac i ymochel rhag ofn dyn er yr holl fygythion. Gobeithiai fod rhai wedi eu hennill at Dduw drwy'r oedfa hon, a deisyfai ar i'r Arglwydd drugarhau wrthynt oll.

Pregeth arall

Cafodd de y diwrnod hwnnw gyda chyfeillion annwyl yn nhŷ ffrind, ond yn anffodus, nid yw yn ei enwi. Mae'n rhyfeddu fel y bu i rai o'r gwragedd wylo o gariad tuag at yr Arglwydd. Mynnodd bregethu eto gan fod y bobl druain yn sychedu am y Gair. Eithr teimlai fod ei ofn caethiwus yn dychwelyd a'i fod yn sefyll mewn angen am gyflenwad parhaus o awdurdod. Ni allai wneud dim ohono'i hun: dibynnai'n llwyr ar y nerth a ddeuai i'w ran, a theimlai fod yr Arglwydd yn dysgu hyn iddo. Daliai i obeithio fod had da'r ffydd wedi'i blannu a llefarai wrth ei gynulleidfa mewn cariad mawr. Gadawodd y Bala tua phump o'r gloch a theithio i Nantydeiliau. Canfu mai rheithor Llanycil a anfonodd yr aflonyddwr ato y prynhawn hwnnw, ac mai hwy, yr offeiriaid, oedd pennaf hyrwyddwyr yr ymladdfeydd ceiliogod. Mor drist, meddai, oedd gweld Tŷ'r Arglwydd yn cael ei ddifwyno. Ar ei daith fe ganai Harris a gweddïo'n felys, ond gwelodd o'i fewn ei hun unwaith eto ei duedd o anghofio Duw hyd oni dderbyniai ddatguddiad newydd i'w feddwl. Mae'n gweld fwyfwy fod pob gweledigaeth o Dduw, o Grist, ac ohono'i hun yn dod oddi wrth yr Ysbryd.

Yr offeiriad

Fe'i goddiweddwyd ar y daith gan offeiriad, Mr Lewis o'r Betws, y pennaf, yn ôl Harris, o blith cefnogwyr yr ymladdfeydd ceiliogod. Cofnoda Harris y ddeialog a fu rhyngddynt yn fanwl. Holodd yr offeiriad ef ai o gariad y daethai i'r parthau hyn. Atebodd Harris mai dyna'r lleiaf y gallai ei wneud dros yr Hwn a fu farw trosto. Braidd yn ysgafn oedd yr offeiriad o'r ateb hwn ond hyderai fod Harris wedi achub llawer. Atebodd Harris na allai ef wneud hynny. Gofynnodd wedyn a oedd wedi ei ysbrydoli. Dywedodd Harris mai Duw ynddo a wnâi hyn, ac oni weddïai bob Sul am ysbrydoliaeth yr Ysbryd Glân, ac oni orchmynnodd Paul ni i archwilio'n hunain a yw Crist ynom, oblegid onid yw, yr ydym yn wrthodedig. Ateb yr offeiriad i'r sylw hwn oedd gofyn onid oedd pawb yn cael ei aileni yn y Bedydd. Dywedodd Harris ei fod yn gobeithio'n wir nad Pabydd ydoedd drwy fynnu fod y sacrament a'r gras yn anwahanadwy, gan fod llawer wedi eu bedyddio â dŵr ond nid â'r Ysbryd Glân. Cadarnhaodd yr offeiriad ei fod yn credu, ond ateb Harris i hynny oedd fod y cythreuliaid hefyd yn credu. Nid cydsynio â'r meddwl yw ffydd, meddai, ond gras a weithiwyd yn yr enaid gan yr Ysbryd Glân. Diau y teimlai'r offeiriad erbyn hyn ei fod yn colli'r ddadl ddiwinyddol a dyna pa bryd y dechreuodd holi Harris trwy ba awdurdod y gweithredai. Yr ateb a gafodd oedd fod Duw wedi gorchymyn fod pawb sydd wedi derbyn talent i'w defnyddio. Yna gofynnodd yr offeiriad a gymerai Harris arno fod ganddo ddawn. Addefodd yntau ei fod yn credu fod Duw wedi rhoi dawn iddo, a'i fod wedi cynnig ei hun am urddau eglwysig ond fe'i gwrthodwyd,[168] er bod Ellis ar Erthyglau Eglwys Loegr[169] yn dweud y gallai lleygwr bregethu

---

[168] Am drafodaeth gytbwys ar ymdrechion Harris i sicrhau ordeiniad gweler ysgrif Griffith T. Roberts, 'Howel Harris: Ymgeisydd am Ordeiniad,' yn J.E.Wynne Davies, (Golygydd), *Gwanwyn Duw, Diwygwyr a Diwygiadau*, Caernarfon, 1982, t. 122-142.

[169] *A Defence of the Thirty-nine Articles of the Church of England. Written in Latin by J. Ellis, now done into English. To which are added the Lambeth Articles: together with the*

pe byddai raid. Ar ôl i'r ddau ymadael â'i gilydd y deallodd Harris mai offeiriad oedd y gŵr a gofidiai na fyddai wedi llefaru'n finiocach wrtho. Bu'r gwahanu'n gyfeillgar.

Pregeth a Seiat

Parhau â'i daith ac â'i ymson a wnaeth Harris. Crist yw ei lawenydd a'r holl nefoedd iddo. Pan gyrhaeddodd Nantydeiliau yr oedd cynulleidfa yn ei ddisgwyl a phregethodd ef iddi â nerth mawr ar y geiriau, 'Y mae cariad Crist yn ein cymell ni,' (2 Corinthiaid 5:14), neu, o gyfieithu'r Dyddiadur yn llythrennol, 'Pregethais gyda nerth mawr ar gariad Crist sy'n fy nghymell i.' Defnyddiodd ddamhegion y Mab Afradlon a'r Gŵr Goludog i egluro'i thema gan nodi chwe thalent a gamddefnyddir a chwech o gibau a ddefnyddiai'r gynulleidfa i borthi eu heneidiau arnynt. Gorffennodd drwy egluro'r modd y cyfiawnheir pechaduriaid trwy ffydd. Teimlai fod llawer o'r gynulleidfa wedi eu hennill i Dduw a bod yr Arglwydd wedi ei gynorthwyo i achub ei enaid ei hun trwy efengylu.

Yn dilyn y bregeth gyhoeddus cynhaliodd drafodaeth breifat hyd tua un ar ddeg o'r gloch. Cafodd doriad i fwyta tan hanner nos cyn ymroi i weddi. Mae'n ei geryddu'i hun am fod yn gysglyd gerbron Duw, ac am beidio llawenhau yn ei gariad tuag at ei gyd-weithiwr Jenkin Morgan. Ei angen mawr, meddai, yw am ragor o'r cariad hwnnw a'r meddwl melys a oedd hefyd yn ei annwyl Iesu. Teimlai ei fod yn methu parhau i eiriol dros eraill gerbron Duw. Cafodd sgwrs gyda bardd ynghylch gwella'i ddoniau er gogoniant Duw. Mae hefyd yn llawenhau fod drws yn agor iddo yn Sir Gaernarfon. Derbyniodd gysur a nerth y bore hwnnw o eiriau Datguddiad 2:10, 'Nac ofna ddim o'r pethau yr ydwyt i'w dioddef.'

Yn oriau mân y bore cynhaliodd Harris seiat breifat arall a sgwrsio am nifer o bethau, ond prif fyrdwn y nodiadau a ysgrifennodd yw mor ddiffrwyth a sych a dall oedd ei enaid ei hun tuag at Dduw. Mae'n ofidus mor amddifad o gariad ydyw ac mor barod i ymroi i chwantau'r

---

Judgment of Bishop Andrews, Dr Overall and other eminent ... men upon them. [Edited by J. L.] pp. 139. H. Bonwicke, etc.: London, 1700. Cafwyd argraffiad arall o 177 tudalen wedi ei gyhoeddi gan R. Bonwicke yn 1710.

cnawd a diogi. Cofiodd mor hapus oedd yr angylion: yr oeddent yn gwasanaethu Duw yn barhaus heb dywyllwch na chenfigen yn agos atynt. Gofidiai am ei ddiffyg sancteiddrwydd, ei dywyllwch, a'i anffyddlondeb, ac mor brin oedd ei ymroddiad i achos mawr Duw yn y byd. Ar hyn torrodd yr Arglwydd ei galon fel y teimlodd yn debyg i'r Mab Afradlon yn dychwelyd, a bod Duw yn Dad iddo. Erfyniai am yr anian ddwyfol ac am sancteiddrwydd gyda mwy o ddifrifoldeb nag erioed o'r blaen. Cri ei galon oedd am gael ei wneud yn fwy tebyg i'r Arglwydd Iesu oherwydd bod mwy o ddelw Duw i'w gael yn y Mab nag yn unman arall y gwyddai amdano. Parhaodd Harris yn y myfyrdodau hyn a'u cofnodi tan bedwar o'r gloch y bore.

Dydd Mawrth

Cododd Harris am ddeg o'r gloch fore Mawrth, y pedwerydd o fis Tachwedd, gan deimlo'n wan iawn yn ei gorff ond gyda'i holl hyder yn anghyfnewidioldeb Duw a'i ffyddlondeb. Daethai tyrfa i Nantydeiliau y bore hwnnw i ffarwelio ag ef a manteisiodd yntau ar ei gyfle i bregethu ar y thema o ymwadu â'r hunan. Teimlai ei fod wedi derbyn llawer o oleuni. Dangosodd fel yr oedd yr hunan yn cadw Duw allan o'r ewyllys a'r serchiadau ac na ellir caru Duw a'r hunan. Rhestrodd ryw ddeuddeg o bwyntiau er mwyn pwysleisio'r egwyddor ganolog hon na ellir dilyn dau oleuni na gwasanaethu dau arglwydd sy'n groes i'w gilydd. Yn y pen draw mae'n rhaid dewis rhwng ceisio gogoniant Duw a dyrchafu'r hunan.

Wrth iddo adael Penllyn y tro hwn mae'r Diwygiwr yn ymgysuro ei fod wedi pwyso ar fynwes yr annwyl Iesu am orffwys. Hyderai fod dwy seiat wedi eu sefydlu yn y cylch ac y gosodwyd trefn ar yr ysgolion. Rhyfeddodd fod yr Arglwydd wedi darparu ceffyl ar ei gyfer i barhau'r daith. Unodd gyda Jenkin Morgan mewn gweddi a gwybu gariad tuag at yr holl saint. Gobeithiai fod yr Arglwydd wedi ei gynorthwyo i gyhoeddi holl gyngor Duw a'i achub rhag gwaed pob dyn trwy lefaru yr holl wirionedd. A hithau o gwmpas un o'r gloch y prynhawn gadawodd Harris ei gyfeillion yn Nantydeiliau a chychwyn ar ei daith o un filltir ar bymtheg i Lanbryn-mair.

Cymharu

Unwaith eto mae'n anodd cymharu adroddiad Harris ei hun o'r ymweliad hwn â Phenllyn â'r hyn yr ysgrifennodd John Evans. Mae hanes y pedwar diwrnod yn llenwi tua phymtheg tudalen o'r Dyddiadur ac yn gymysgfa o ffeithiau, myfyrdodau, crynodeb o bregethau a gweddïau. Ar y llaw arall, prin bum llinell sydd yn y 'Coflyfr' am yr ymweliad hwn, ac nid oes ond dwy frawddeg yn yr 'Ymddiddanion.' Er hynny dylid gwneud dau sylw. Yn gyntaf, mae John Evans yn anwybyddu'r holl waith manwl a wnaeth Harris yn Llanuwchllyn. Mae hyn yn syndod o'r mwyaf yn wyneb y cyfeiriad at y bardd y bu'n sgwrsio ag ef gan mai'r tebyg yw mai Morys ap Rhobert, Tyn Llidiart, ydoedd a ddaeth yn dad-yng-nghyfraith i John Evans. Yr ail ystyriaeth yw amseru'r ymweliad. 'Yn yr haf o'r un flwyddyn' meddai John Evans, tra mae William Williams, Glyndyfrdwy, yn bwrw amheuaeth lwyr ar adroddiad 'John Evans am yr ymweliad honedig hwn.'[170] Mae'r Dyddiadur yn cadarnhau tystiolaeth John Evans fod Harris wedi ymweld â'r Bala drachefn y flwyddyn honno, ond ym mis Tachwedd, ac nid yn yr haf.

Eithr y mae ochr gadarnhaol i dystiolaeth John Evans. Lleoliad y bregeth, yn ôl John Evans, oedd 'wrth y Tŷ Marchnad fel y tro cyntaf,'[171] ond buarth y *Cross Keys* yn ôl Harris. Mae Dr R. T. Jenkins yn cofnodi'r 'traddodiad mai yn llofft y *Cross Keys* ac wedyn mewn ystordy y tu cefn i Blas-yn-Dre y byddai'r Ymneilltuwyr yn addoli yn y Bala,'[172] ond nid yw'n ymhelaethu drwy nodi'r lleoliad. Mae'n anodd gwybod bellach lle oedd y *Cross Keys*. Yn ôl map y degwm am 1838[173] yr oedd pymtheg o dafarnau yn y Bala: *Red Lion, Queen's Head Inn, Little Bull Inn, Board Inn, Cross Foxes Inn, Onen Inn,* a'r *Goat Inn* ar yr ochr chwith i'r ffordd wrth gyrraedd y dref o Lanycil, a'r *Feathers Inn, Horse Shoe Inn, Bull Inn, King's Head Inn, Curriers Inn, Ship Inn, Henblas Inn* a'r *Anchor Inn*, ar y dde. Diau fod y sefyllfa wedi newid llawer mewn canrif: nid oes sôn am na'r *White Lion* na'r *Eagles*, ac

[170] *MDM*, tt. 39-40.

[171] t. 85.

[172] *HCHGLl*, t. 55.

[173] Adran Lluniau a Mapiau, Ll.G.C.

ysgrifennwyd y geiriau *Blue Lion* mewn cromfachau gyferbyn ag enw'r *Board Inn,* sy'n awgrymu fod enwau rhai o'r hen dafarnau a oroesodd wedi newid. Yr oedd tŷ o'r enw *Cross Keys* yn agos iawn at eglwys Llanycil, ond nid oes awgrym mai *Inn* ydoedd yn 1838 ac mae ei leoliad mor bell o Blas-yn-Dre nes y teimlir nad at y tŷ hwn y cyfeiria R. T. Jenkins. Y mae dau bosibilrwydd arall. Y cyntaf yw fod yr hen *Cross Keys* wedi newid ei henw i *Cross Foxes* erbyn 1838, (y mae ei leoliad yn agos i Blas-yn-Dre yn ffafrio hyn). Yr ail bosibilrwydd yw derbyn fod John Evans yn gywir mai yng nghyffiniau'r *Hall* oedd y lleoliad, oherwydd yn union o'r tu cefn i'r *Hall* ar Heol Tegid ar fap y Degwm y mae'r *Curriers Inn*, ac ystyried y posibilrwydd fod yr enw wedi newid.

Ail gymwynas adroddiad John Evans yw llenwi ychydig ar y darlun a roddodd Harris o'r ymdrech a wnaed i'w ddistewi pan afaelodd gŵr yn ei lawes a'i dynnu i'r llawr. Yn hwyrach yn y dydd, meddai Harris, y deallodd mai'r Person lleol a'i hanfonodd, ond nid yw yn ei enwi. Mae John Evans yn enwi'r gŵr yn y 'Coflyfr': Charles Evans o'r *White Lion* ydoedd, un o wardeniaid eglwys Llanycil.

Trydydd ymweliad Harris[174]

Ddydd Mercher, 28 Ionawr 1741, gadawodd Howel Harris Lanbryn-mair tua 1 o'r gloch y prynhawn gyda'i gyfaill Jenkin Morgan. Ar eu ffordd i Sir Gaernarfon yr oeddent ond nid oedd modd diystyru gwahoddiad taer Robert Griffith o'r Fron Feuno,[175]

> Y mae dymuniad mawr gennym ninnau yn Llanuwchllyn ar i chwi ddyfod atom ninnau yn eich ffordd i Sir Gaernarfon. Y mae achos mawr inni fendithio Duw am eich dyfodiad i Lanuwchllyn y tro diwethaf, canys y

---

[174] Dyma'r unig ymweliad o eiddo Harris â'r Bala y manylir arno yn *Hanes Ferr o Fywyd Howell Harris Yscwier,* Trefeca, 1792. Nodir (1) Ar wahoddiad taer yr aeth i'r Bala ac ymlaen trwy'r Gogledd; (2) Yr ymgom gyda rheithor y plwyf; (3) Y dyrfa fawr o erlidwyr yn disgwyl amdano yn y dref; (4) Gadael y stryd ar gais ei gyfeillion a llefaru mewn tŷ; (5) Y *Mob* meddw yn ymosod ar y tŷ; (6) Harris yn mynd allan i'w plith ac yn cael ei gamdrin yn enbyd; (7) Un o'r dyrfa yn atal rhaib yr erlidwyr; (8) Llawer o'i gyfeillion wedi cael yr un driniaeth; (9) Dychwelyd i'r llety [heb ei enwi] i drin yr archollion a chynghori a diddanu ei gyd-ddioddefwyr. tt. 51-55.

[175] A.M.C. Llythyr Trefeca rhif 306, dyddiedig 12 Ionawr 1740/1. Diweddarwyd yr orgraff. Yr oedd Robert Griffith ymhlith Annibynnwr amlycaf Llanuwchllyn, yn athro ar Ysgol Dr Williams pan symudwyd hi o'r Bala i Lanuwchllyn, ac ym mysg y rhai a wysiwyd am wrando ar Howel Harris yn nhŷ John Moses yn 1741. *HCHGLl,* t. 60.

mae yno amryw o eneidiau wedi cael eu deffroi ar yr amser hynny.

Cyrhaeddodd y ddau Nantydeiliau, Llanuwchllyn, erbyn 9 o'r gloch y noson honno. Bore trannoeth, Dydd Iau, Ionawr 29ain, gallai Harris dystio mai'r Arglwydd oedd ei oleuni a'i nerth, ac ar ôl traddodi pregeth ar y geiriau 'Od oes ar neb syched, deued ataf fi, ac yfed,' (Ioan 7:37), penderfynodd fentro i'r Bala.

Clywsai Harris fod gwrthwynebiad iddo yn y dref, ond pwysai yn unig ar ffyddlondeb Crist, y byddai'n cofio'i air a'i gyfamod. Ni allai unrhyw wrthwynebiad dynol dorri'r cyfamod hwn er bod gwŷr mawr wedi sefyll yn ei erbyn. Gweddïai ar i'w Arglwydd gofio'i achos a thosturio wrth ddallineb y gwrthwynebwyr. Teimlai fod ychydig o gariad Duw yn werthfawrocach na deng mil o eiriau. Os canfyddai mai dyna oedd ewyllys yr Arglwydd fe âi i dref y Bala a rhagddo i Sir Gaernarfon.

Rheithor Llanycil

Ac yntau o gwmpas eglwys Llanycil gwelodd reithor y plwyf, y Parchedig Robert Jones, ac eraill yn teithio tua'r Bala i'w wrthwynebu. Dechreuodd y rheithor a'r diwygiwr ymddiddan, ac yn ôl ei arfer, mae Harris yn cofnodi'r ymgom yn bur fanwl. Gofynnodd y rheithor iddo beth oedd ei enw. Atebodd yntau mai Harris ydoedd. Y cwestiwn nesaf oedd holi paham y daethai i'r ardal hon. Yr ateb oedd ei fod am wneud daioni i'r bobl. Gofynnodd y clerigwr ar awdurdod pwy y daeth. Atebodd Harris ei fod yn gobeithio, oherwydd y llwyddiant a roddwyd iddo, mai Duw a roddodd awdurdod iddo. Holwyd ym mha Brifysgol yr addysgwyd ef. Atebodd mai yn Rhydychen y bu, yn Neuadd y Santes Fair. Yna dywedodd y rheithor wrtho am beidio llefaru yn y plwyf hwnnw, plwyf Llanycil. Atebodd Harris ei fod yn aelod o'r Eglwys Sefydledig, a phe hoffai'r rheithor ddod i wrando arno, gwelai na ddywedai unrhyw beth a oedd yn groes i Erthyglau'r Eglwys. Yna dechreuodd y rheithor alw Harris yn gnaf a dihiryn, (*rascal and scoundrel)*, neu ryw enwau dirmygus cyffelyb. Dywedodd Harris wrtho y gallai ei alw beth bynnag a fynnai ond ei fod ef wedi'i ddysgu pan ddifenwyd ef i beidio difenwi drachefn, ond y buasai'n gweddïo trosto. Yna marchogodd ef a'r brawd Jenkin Morgan tua'r Bala.

Cyrraedd y Bala

Wrth iddynt gyrraedd y dref sylwodd Harris fod pobl ar ben drysau'r tai a thorfeydd ar y stryd yn disgwyl y ddau. Chwarddai rhai am ei ben a gwaeddai eraill yn ddirmygus ar ei ôl, er bod rhai yn wylo. Parhau wnaeth y difrïo hyd yn oed pan ddisgynnodd Harris oddi ar ei geffyl. Gwaeddodd un gŵr arno y câi fynd adref oddi wrthynt yn fuan. Yr oedd gan y gŵr hwn erfyn mawr [*great shif*] yn ei law, ac fe'i cododd at ŵr y tŷ a ddymunai i'r dyrfa fod yn ddistaw gan mai o gariad tuag at Grist yr oedd wedi gwahodd y Diwygiwr a'i gydymaith yno. Yna llefarodd gŵr y tŷ drachefn am Grist. Dechreuodd y dyrfa ymgasglu o gwmpas drws y tŷ. Ceisiodd Harris bregethu ar y stryd, ond penderfynodd roi cynnig ar bregethu mewn cae yng nghefn y tŷ. Teimlodd Harris nerth mawr o'i fewn, ond dychwelyd i'r tŷ fu raid. Dechreuwyd ar yr oedfa gydag emyn a gweddi ac yr oedd Harris yn ymwybodol fod nerth anghyffredin ym mysg y gynulleidfa, llawer yn wylo, ac yr oedd hyn yn llawenhau ei enaid. Parhaodd y nerth wrth iddo ddechrau pregethu ar yr adnod Luc 12:32, 'Nac ofna, braidd bychan: canys rhyngodd bodd i'ch Tad roddi i chwi y deyrnas.'Ar hynny torrodd un o'r erlidwyr wydrau'r ffenestr gyda'i ffon. Cymaint oedd dychryn cyfeillion Harris fel na allent ddweud yr un gair! Eto parhaodd Harris i lefaru gydag awdurdod ar y geiriau, 'Saul, Saul, paham yr wyt yn fy erlid i?' Dangosodd fod amser yn dod pryd y byddai'r rhai sy'n erlid yn awr yn gorfod rhoi cyfrif gerbron Crist ei hun. Cyhoeddodd fod Duw gyda hwy yn fur o dân. Rhwygwyd ffenestr arall o'r tŷ ac ymdrechwyd i gipio Harris allan drwyddi. Daeth un o'r gwrthwynebwyr i mewn i'r tŷ ond aeth Harris i'r llofft lle ceisiodd eto nesáu at Dduw mewn gweddi. Cynorthwyodd gŵr y tŷ iddo ddianc gan fod ei fywyd mewn perygl.

Erledigaeth ffyrnig

Myn Harris mai rheithor Llanycil oedd yn gyfrifol am yr erlid drwy gasglu mintai o'r wlad gyfagos a haid o drigolion y dref a'u meddwi drwy roi casgenaid o ddiod iddynt. Penderfynodd Harris fynd allan atynt a dwyn tystiolaeth ger eu bron. Gorchmynnwyd ef gan gwnstabl y dref i ymadael. Erbyn hyn yr oedd holl ffenestri'r tŷ wedi eu torri. Dringodd un o'r dyrfa ar y to er mwyn gwylio'r drws cefn rhag bod y gynulleidfa neu'r pregethwr yn dianc y ffordd honno, a disgwyliai'r dyrfa erlitgar wrth y ddau ddrws. Edliwiodd un ohonynt iddo ei fod yn meddwl ei fod yn ddyn duwiol a heb ofni dim, ond yn awr gwelai mai pechadur ydoedd fel yntau. Addefodd Harris mai dyna ydoedd. Pam felly yr ofnai? Atebodd Harris pe gwyddai fod Duw yn ei alw allan o'r tŷ ei fod yn barod ac yn ewyllysgar, ond nad oedd i redeg i gyfarfod profedigaeth. Wyneb yn wyneb ag angau yr oedd yn angenrheidiol i bawb wybod a oeddent ar y ffordd lydan ynteu ar y ffordd gul. Os oedd gan y cwnstabl unrhyw orchymyn yn ei erbyn yr oedd Harris yn barod i ufuddhau. Addefodd y cwnstabl nad oedd ganddo. Yna, meddai Harris, cymerodd ei fywyd yn ei law ac aeth i lawr y grisiau i ganol y dyrfa a'u ffyn. Dywedodd y cwnstabl y byddai'n arwain Harris i ddiogelwch. Dyna pryd yr aeth Harris allan i'r stryd ac yr ymosodwyd arno gan y dyrfa. Cythrodd ryw wraig i'r hances oedd ganddo o gwmpas ei wddf, ond gan ei bod yn llac, collodd ei gafael ynddi. Daeth gwraig arall ato a rhoi ergyd iddo â'i dwrn, a thaflodd un arall faw ato. Trodd yntau'n ôl gan fwriadu siarad â hwy, ond heidiasant o'i gwmpas fel gwenyn. Teimlai Harris fod awr y tywyllwch wedi cyrraedd. Penderfynodd ef a Jenkin redeg am eu bywydau, ond dilynwyd hwy gan ugeiniau o ddynion a merched a phlant â ffyn, i gyd yn bloeddio cynddaredd anhraethadwy. Trawsant Harris â'u holl egni ar ei law a thu ôl i'w ben nes prin y gallai weld â'i lygaid. Trawodd un arall ef yn ffyrnig yn ei lygaid. Yr oedd gan rai o'r erlidwyr hyn gerrig enfawr ac yr oedd eraill ohonynt gyda phastynau mawr. Rhedodd Harris am ei fywyd, yn disgwyl cael ei ladd a theimlo ei fod ar fin marw, a meddyliai am y nefoedd. Trawodd un llaw ef i'r llawr. Yr oedd bellach wedi colli ei wynt ac ni allai redeg mwy. Daeth yr erlidwyr o'i amgylch gyda'u ffyn i ymosod arno gyda'r bwriad o'i ladd. Ymbiliodd â hwy i ymatal. Wrth iddo redeg edrychodd i fyny tua'r nefoedd, ond ni theimlai y gallai nesáu at Dduw, ac ni welai ffordd o ymwared. Yr oedd ei ffydd yn wan ond cafodd gymorth i dderbyn ei dynged a marw os byddai raid, a gorchymyn ei enaid i Dduw yng Nghrist. Dechreuodd yr erlidwyr ymresymu ymhlith ei gilydd ac ar anogaeth un ohonynt, penderfynwyd peidio â'i ladd.

Ymateb Harris

Ceisiodd Harris ddadansoddi ei deimladau yn wyneb y driniaeth a gafodd. Yr hyn a'i gofidiai'n bennaf oedd teimlo ei fod mor llawn o hunandosturi, o gariad tuag ato'i hun, a bod y byd yn gwybod hynny er cywilydd iddo. Ni allai garu hyd yn oed y sawl a'i hachubodd. Ni allai deimlo na chariad na thosturi tuag at yr eneidiau tlawd hyn a wynebent uffern nac ychwaith ymdeimlo tros ogoniant Duw. Yr oedd y cyfan o'i fryd ar achub ei fywyd ei hun, a mynnai'r Ysgrythur honno ddod i'w feddwl, 'a phe rhoddwn fy nghorff i'm llosgi, a heb gariad gennyf, nid wyf fi ddim,' (1 Cor. 13:3).

Yr oedd y dyrfa bellach yn ei wawdio trwy fynnu ei fod yn cymryd arno fod yn athro neu'n broffwyd, tra mewn gwirionedd, nid oedd ond pechadur aflan megis hwythau. Ar ddiwedd yr erledigaeth hon yr oedd pob rhan o'i gorff yn ddolurus. Daeth iddo dangnefedd mewnol, eto ni allai foliannu Duw gan fod cariad ar goll ganddo. Teimlai ei fod wedi wynebu'r erlid yn ddewr a galwodd ar yr Iesu 'gan imi ddioddef drosot yn awr, cofia dy gyfamod a'th addewid.' Eithr gwelai ryw arwydd o hunangyfiawnder o'i fewn. Dymunai fod gartref yn hytrach nag edrych ar yr olygfa ddychrynllyd o gynddaredd y gelyn.

Noddfa

Cyrhaeddodd Harris a Morgan Nantydeiliau tua saith o'r gloch y noson honno, ond yr oedd Harris wedi blino cymaint a'i ben mor ddolurus a'i holl gorff yn simsan fel y bu raid iddo geisio gorffwys. Gweddïai ar i'w Arglwydd annwyl ddangos iddo paham y dioddefodd fel hyn. Teimlai yn drist oherwydd ei ddiffyg tosturi tuag at eneidiau'r erlidwyr. Galluogwyd ef i bledio, 'Os wyt wedi fy ngharu o dragwyddoldeb yr wyf yn blentyn iti.' Yr oedd yn dal yn ei waed a gorffwysodd mewn poen mawr, ond ei wir ofid oedd na theimlai ddigon o na chariad, na llawenydd na gwroldeb, (er ei fod wedi profi peth llawenydd) i fedru llefaru wrth y frawdoliaeth yno. Ceisiodd Dduw drachefn, a gwelodd fod Duw yn cael ei ogoneddu pan gyflawnid ei ewyllys. Cododd ac ymdrechodd i fynd i lawr at ei gynulleidfa, ond methodd, ac aeth i orwedd ar y gwely drachefn a phregethodd Jenkin Morgan yn ei le. Yna canodd fawl i Dduw a gweddïo nes troi un ar ddeg o'r gloch. Fe'i deffrowyd ar ôl cysgu ychydig. Wrth agosáu at Dduw teimlodd dosturi mawr ac eiriolodd gerbron Duw ar i'w gynulleidfa gael ymwybyddiaeth o dragwyddoldeb ac o'u trueni, a hiraethai am fod gyda hwy ym mharadwys. Yn agos i hanner nos daeth i lawr o'r llofft at y brodyr a gweddïo gyda hwy, gan agor ei holl galon iddynt, sut y bu gydag ef y dydd hwnnw, ac mor anodd oedd rheoli'r hunan. Gosododd hwy yno mewn Seiat. Teimlai fod hunanoldeb a balchder yn agosáu ato ac nad oedd yn fodlon gweld ei ddychweledigion yn mynd at yr Anghydffurfwyr. Bendigodd enw Duw am ei arddel gyda nerth. Adroddodd hanes y Diwygiad, yr Anghydffurfwyr a'r Seiadau. Gorffennodd ei ohebiaethau. Parhaodd y gweithgareddau hyn tan un o'r gloch y bore. Yna bu gyda'r Brodyr tan dri, gan chwilio calonnau pob un ohonynt. Yr oedd yn agos i ugain yn bresennol.

Erlid rhagor

Cafodd Jenkin Morgan gyfle i adrodd wrth Harris hanes ei ddioddefaint yntau. Dywedodd sut y bu wrth iddo ddod allan o'r tŷ yn y Bala i rywun afael yn ei law gan geisio'i throi, ond iddo fethu. Neidiodd Jenkin ar ei geffyl ond dilynwyd ef gan un arall yn marchogaeth yn gyfochrog ag ef, a chyda'i ffon fe'i curodd i'r llawr. Fe'i pastynwyd gan y dyrfa gyda'u holl gynddaredd hyd oni ddaeth y curad[176] heibio a'u rhwystro. Er bod gwas y rheithor yn llawn o'r Diafol fe'i gwnaed yn offeryn i'w achub. Ymddangosodd rhagluniaeth Duw yn weladwy. Daeth y curad o'r tu ôl iddo a mynnu ei fod yn rhedeg am ei fywyd. Anelwyd ergydion lawer tuag ato ond heb ei anafu.

Diau mai Jenkin Morgan hefyd a adroddodd wrth Harris hanes yr erlid a ddioddefodd dau arall o'i gynulleidfa yn y Bala y diwrnod hwnnw. Rhedodd y ddau trwy'r caeau a dilynwyd hwy gan fintai o rhwng ugain neu ddeg ar hugain eraill yn eu crysau yn ceisio'u heinioes, ond cuddiasant eu hunain mewn coedlan nes eu darganfod gan wraig. Yna disgynnodd yr erlidwyr arnynt, ond achubodd yr Arglwydd hwy yn wyrthiol. Ymddengys y bu peth trafod ar y syniad o anfon adroddiad o erlidiadau'r diwrnod hwn i Lundain, ond ni fynnai Harris. Yn nistawrwydd ei ystafell ddirgel canfu Harris fod ei Arglwydd wedi'i gymryd yn ei freichiau ac wedi'i gofleidio a'i garu. Onid oedd cariad Duw tuag ato yn annherfynol? Felly, nid rhyfyg ydoedd iddo bwyso ar ei fron a chysgu yn ei freichiau. Yr oedd yn awr wedi'i adnewyddu a chysgodd tua thri o'r gloch y bore.

---

[176] George Griffiths, yn ôl R. T. Jenkins, *HCHGLl*, t. 60.

Ffarwelio

Bore trannoeth, Dydd Gwener, 30 Ionawr 1741 a ddaeth, a chododd Harris tua deg o'r gloch. Cafodd gymorth i adrodd ei brofiadau wrth Jenkin Morgan, a chael esmwythdra mawr. Cynorthwywyd ef i agosáu at Grist megis pechadur colledig, wedi'i lwyr-ddifrodi gan bechod, eto gafaelodd yn yr addewid a welai yn llyfr Deuteronomium 30:6, 'A'r Arglwydd dy Dduw a enwaeda dy galon, a chalon dy had, i garu yr Arglwydd dy Dduw â'th holl galon, ac â'th holl enaid, er mwyn cael ohonot fyw.' Er ei holl ddioddefiadau a'i ofnau fod angau ar ei warthaf, yr oedd yn dal yn fyw. Gwybu am brofiad o ymweliad oddi wrth ei Arglwydd i'w galonogi, eto teimlai ei fod yn brin o gariad ac o'r anian ddwyfol. Er ei fod yn casáu pechod, yr oedd ei wreiddiau yn parhau yn ei natur, ond yr oedd yn dyheu am fod yn sanctaidd fel yr oedd Duw ei hun yn sanctaidd. Pregethodd er gwaethaf ei ddoluriau nes ei bod bron yn un o'r gloch ar Ioan 16, gan ddangos fod llawer o'r Ysgrythurau wedi eu cyflawni ynddynt hwy, y gwrandawyr, a bod hyn yn arwydd eu bod yn ddisgyblion Crist. Daeth un hen sant ato i fynegi'r bendithion a gafodd trwy weinidogaeth y Diwygiwr. Yr oedd yr Arglwydd hefyd wedi arddel Jenkin Morgan yn Llanuwchllyn, ac mae Harris yn llawenhau oblegid hynny. Anogodd y brodyr yn Nantydeiliau i wrthwynebu Satan gan ddangos iddynt ddrwg effeithiau anghrediniaeth.

Golygfa felys i Harris oedd canfod bachgen bychan yn adnabod Crist ac yn cwyno'n dost am anghrediniaeth. Yr oedd curad ifanc yn yr ardal a chlywodd Harris yn dda amdano. Tywynnodd yr Arglwydd arno yn nirgelwch ei ystafell gan ddenu ei galon i hiraethu am Grist a'i fwynhau. Treuliodd ei amser yn ysgrifennu'i Ddyddiadur tan yn agos i bedwar y prynhawn, a sylweddoli cyn lleied o fendithion yr addewidion sy'n dod i'w ran oherwydd anghrediniaeth. Clywodd fod yr Arglwydd wedi arddel y brawd Jenkin Morgan yn fawr yn Sir Gaernarfon. Gwyddai fod yr Arglwydd yn gwenu arno ac yn dylanwadu ar ei galon. Gallai Ysbryd yr Arglwydd gyffwrdd ag ef nes byddai cri'n codi o'i enaid, 'Gwae fi, pechod a chelwydd ydwyf oll.' Gweddïodd Jenkin ac yntau tan bump ac yna cychwyn ar eu taith o Benllyn ar ôl yr erlid ffyrnicaf a ddioddefodd erioed. Cyrhaeddwyd Hafod y garreg, Trawsfynydd, erbyn tua wyth o'r gloch y noson honno. Gyda Jenkin Morgan yn gydymaith yr oedd wyneb Harris yn awr wedi'i gyfeirio am y tro cyntaf tua Sir Gaernarfon.

Cymharu

Unwaith eto mae hyd yr ymdriniaethau yn broblem. Defnyddiodd John Evans 655 o eiriau yn y 'Coflyfr' ac 806 yn yr 'Ymddiddanion,' tra bod y crynodeb uchod dros 2,350. Ar ôl dweud hynny, sylwer bod y dydd a'r dyddiad eto'n anghywir, cyrraedd Llanuwchllyn nos Lun y 19 o Ionawr medd y 'Coflyfr,' tra mae Dyddiadur Harris yn tystio mai Nos Fercher, 28 o Ionawr y daeth Harris i Lanuwchllyn. Eithr 'Ynghylch dechrau'r flwyddyn 1740' medd yr 'Ymddiddanion.' Ar wahân i'r amseru mae'n ymddangos fod gweddill adroddiadau John Evans, o fewn eu terfynau, yn eithaf dibynnol. Dichon mai'r dryswch mwyaf yw sut na chrybwylla John Evans dri ymweliad nesaf Harris â'r Bala (Hydref 1747, Hydref 1748, a Gorffennaf 1749), ag yntau erbyn hynny yn byw yn y dref ac yn aelod o'r seiat y sonia Harris amdani a gynhaliwyd nos Fercher, 5 Hydref 1748.

Cyfraniad John Evans

Wrth geisio cloriannu cyfraniad John Evans y peth cyntaf i sylwi arno yw gwerth y 'Coflyfr' er byrred yw oherwydd ei fod yn enwi llawer o'r cymeriadau sydd yng nghanol yr hanes, megis Charles Evans ac Andrew Jones ym mysg yr erlidwyr ac aelodau cyntaf Seiat y Bala ar yr ochr arall. Ar y llaw arall, ni ellir cymharu ei ymdrechion ef â'r cronicl manwl a gadwyd gan Howel Harris o'i ymweliadau â Phenllyn. Gwir werth John Evans yw'r ffaith ei fod wedi cofnodi'r traddodiadau gwerin ym Mhenllyn yng nghylch dechreuadau Methodistiaeth, a'i fod at ei gilydd, oherwydd cysylltiadau Methodistaidd y tŷ y lletyodd ynddo a'r teulu y priododd iddo ynghyd â'r rhan flaenllaw a fu iddo ef mewn blynyddoedd diweddarach yn natblygiad yr hanes, yn gwbl ddiogel o ran teithi meddwl, awyrgylch ac ysbryd y genhedlaeth gynnar.

Mae'r Dr Bobi Jones yn nodi'r ffaith fod Dr Tudur Jones yn gosod hanesyddiaeth Thomas Jones o Ddinbych yn ei *Merthyr-draith* ar ganol llwybr y traddodiad Cymreig a gysylltir â'r Esgob Richard Davies, Charles Evans a Theophilus Evans.[177] Wrth droi at y 'Coflyfr' a'r 'Ymddiddanion' a'u darllen mae'n gwbl eglur fod John Evans y Bala yn perthyn i'r un llinach anrhydeddus.

---

[177] *Llên Cymru a Chrefydd,* Abertawe, 1977, tt. 341-342.

Coflyfr Cynulleidfa'r Methodistiaid yn Nhref y Bala

Coflyfr Cynulleidfa'r Methodistiaid yn Nhref y Bala

Ymweliad cyntaf Harris â Phenllyn

1740 Yn y flwyddyn o oedran ein Harglwydd 1740, ryw bryd ym mis Mawrth yn amser y rhew mawr, y daeth Mr Howel Harris,[1] gŵr o le a elwir Trefeca yn agos i Dalgarth yn Sir Frycheiniog, yn gyntaf i Lanuwchllyn yn Sir Feirionnydd i bregethu, ac a safodd i fyny wrth gefn tŷ un Ellis Owen yn y llan[2] lle'r oedd cynulleidfa fawr wedi dyfod ynghyd i wrando arno. Y dydd nesaf efe a aeth i waered i dref y Bala, a safodd i fyny i bregethu wrth dalcen y Tŷ Marchnad (neu'r *Hall*) a chynullodd llawer o bobl y dref a'r wlad i wrando arno. Bu pawb yn dra llonydd tra parhaodd i bregethu a serchog a charedig iddo wedi ei ddarfod, a chafodd ddychwel y tro hwn i'w wlad ei hun mewn heddwch.

Dyma'r amser cyntaf y pregethwyd gan neb o'r Methodistiaid yn Llanuwchllyn na'r Bala nac unman arall yn Sir Feirionnydd. Mae lle i feddwl i Dduw arddel hyn o ddechreuad: mae rhai'n fyw yn awr sydd yn cyfrif amser eu tröedigaeth oddi wrth y pryd hyn.

Ail ymweliad Harris

1740 Yr ail dro y daeth Mr Harris i'r Bala i bregethu oedd yn yr haf y flwyddyn hon. Fe safodd i bregethu wrth y Tŷ Marchnad fel y tro cyntaf, ond ni chafodd mo'r cystal llonydd.[3] Ymgynhyrfodd rhai ychydig yn ei erbyn: y mwyaf cynhyrfus oedd un Charles Evans,[4] gŵr oedd yn byw mewn tŷ yn y dref a elwid *White Lion.*[5] Hwn a fynnai ei dynnu ef i lawr oddi ar y lle y safai arno i bregethu, ond eraill o dymherau mwy gweddaidd a'i hataliasant rhag gwneuthur felly.

Daniel Rowland yn Llanuwchllyn

1740 Cyn diwedd y flwyddyn hon, tua'r gaeaf, (pa fis nis gwyddys) y daeth y Parchedig Mr Daniel Rowland,[6] curad Llangeitho yn Sir Aberteifi, i gynnig pregethu yn eglwys Llanuwchllyn. Wedi iddo fyned i mewn i'r eglwys trwy gennad y Wardeniaid[7] ac eraill o'r plwyfolion a dechrau canu Salm a gweddïo, daeth Person y plwyf [8] a Mr Rowland Lloyd [9] o'r Bala ac a derfysgasant y gynulleidfa ac a rwystrasant iddo bregethu. Canasant y gloch hefyd er mwyn gwneuthur yn fwy y terfysg fel y gorfu ar y gŵr enwog hwn droi ei gefn a mynd i'w ffordd heb bregethu er mawr ofid i lawer iawn o'r gynulleidfa a chywilydd i'r gwrthwynebwyr.

Trydydd ymweliad Harris

1741 Ym mis Ionawr yn y flwyddyn 1741, ar nos Lun y pedwerydd ar bymtheg o'r mis, y daeth Mr Howel Harris i blwyf Llanuwchllyn ac a bregethodd yn Nantydeiliau. Dydd Mawrth y bore yr ugeinfed daeth i'r Bala ar fedr pregethu. Yr oedd llawer hefyd yno wedi ymgynnull yn nhŷ un Catherine Edward[10] ar gyfer y tŷ mawr a elwir y *Bull*[11] ar hyder gwrando arno. Ond un Mr Robert Jones yr hwn oedd ar y pryd yn Berson plwyf Llanycil,[12] a brawd iddo a elwid Andrew Jones,[13] a roddasent er y nos o'r blaen rybudd i bawb o wŷr y plwyf i ddyfod ynghyd y bore ddydd Mawrth hwnnw i Lanycil. Llawer iawn o wŷr y plwyf a ddaethant, ac oeddynt wedi eu dyfod oll ynghyd, yn dyrfa fawr. O'r llan (yr hwn sydd ynghylch milltir fesur oddi wrth y dref) arweiniodd y Person hwynt (fel blaenor llu yn arwain ei fyddin) i'r dref i wrthwynebu Mr Harris ac i rwystro iddo bregethu. Yr oedd llawer o rai eraill wedi dyfod o amryw fannau o'r wlad tan amryw flaenoriaid i'r un pwrpas, i'w cyfarfod hwynt. Casglodd pawb o'r rhain ynghyd at y tŷ tafarn yn y dref a elwir yr *Eagles*[14] ac yno yfasant gwrw lawer, canys dygwyd baril ohono (ar gost y Person Jones a blaenoriaid eraill) allan i'r heol, a rhannwyd ef iddynt yn haelionus.

Erlid Harris

Erbyn hyn yr oedd Mr Harris yn nhŷ Catherine Edward wedi dechrau, ac yn ddiatreg y dorf a ddaethant o amgylch y tŷ mewn llawn fwriad nid yn unig i rwystro'r bregeth, ond hefyd i amharchu a churo'r pregethwr a phawb oedd yn gwrando arno. Yna rhai ohonynt a ddringasant i nen y tŷ i'w dynnu i lawr, a thynasant rai o gerrig y to. Eraill a amgylchynasant y tŷ fel na ffoai neb a oedd yn gwrando, a'r rhai wrth geisio ffoi a ddelid ganddynt a gurent mewn mawr greulondeb. Cafodd rhai o'r gwrandawyr ffael[15] i ddianc o'r tu cefn i'r dref i'r caeau. Hwythau, pan wybuant a ddiosgasant eu dillad hyd eu crysau, ac a erlidiasant ar eu hôl, a phan gaent afael yn neb, curent ef yn ddidrugaredd. Eraill a aethant i mewn i'r tŷ ac a lusgasant Mr Harris allan i'r heol. Safodd rhai o'i gyfeillion gydag ef, sef John Moses[16] a John Robert o Dyddyn y Felin ac eraill, i edrych a allent achub ychydig arno a'i ddwyn allan o'u dwylo hwynt. Ond er dim a allodd y rhain wneud amharchwyd ef yn greulon. Yr oedd meibion a merched, gwŷr a gwragedd yn bwrw arno â choed a cherrig [ac] â thom yr heol, ac oni buasai i'r gwŷr uchod ac amryw wŷr cryfion eraill, ymegnïo a'u gosod eu hunain mewn enbydrwydd a chael llawer o amarch, wrth bob argoel buasent yn curo ei enaid ef allan o'i gorff. Dilynasant ef fel hyn ymhell ar hyd y ffordd tua Llanycil. Bu amryw weithiau ar lawr dan eu traed hwynt, a'i gorff yn glwyfau a'i waed yn rhedeg. Clywais iddo ddweud iddo ddwy waith feddwl fod ei enaid yn ymadael â'i gorff.

Erlid Jenkin Morgan

Yr oedd Mr Jenkin Morgan,[17] meistr yr Ysgol Rad yn Llanuwchllyn, gyda Mr Harris ac yn gyfrannog o'r amarch. Ar ffordd Llanycil, wrth ochr y llyn, tynnwyd y gŵr hwn oddi ar ei geffyl, a glynodd ei droed ef yn y warthol;[18] hwythau a yrasant y ceffyl yr hwn a'i llusgodd ef felly lawer o ffordd. Amcanasant yrru'r ceffyl ac yntau felly yn llusgo wrtho dros dorlan uchel i lawr tua'r llyn. Ond Mr Lewis Davies o Ben-y-bont a Mr George Griffiths,[19] curad Llanycil, a'u hataliasant. Y gwŷr hyn hefyd a fuant egnïol yn achub Mr Harris. Trwy ddaioni Duw cafodd pawb eu bywyd, ond cafodd llawer eu clwyfo a chollwyd llawer o waed. Diwrnod arswydus oedd hwn, eto dioddefodd pawb yn amyneddus a llawer yn ei chyfrif yn fraint gael dioddef dim er mwyn enw'r Iesu.

Bu'r dref rai blynyddau wedi hyn heb bregethu ynddi. Eto y rhai a gawsent flas ar y Gair a ymgynullent yn fynych yn nhŷ un Edward William ab Edward y Gwŷdd yn agos i'r *Eagles* i ddarllen, canu, a gweddïo, ac am hynny oeddynt yn cael llawer o amarch ac erlid.

Llid y Gyfraith

1741 Yn y gwanwyn yma, ychydig ar ôl yr erlid uchod, codwyd gwarant a daliodd John Hugh cwnstabl y Bala, John Moses, a'i fam Catherine Edward am gynnwys[20] Mr Harris i'w thŷ. Daliwyd hefyd Robert Griffith Siencyn[21] a David Stephens, dau ŵr o blwyf Llanuwchllyn, am wrando arno. Rhwymwyd y rhai hyn i ateb y Chwarter Sesiwn y Pasg canlynol. Gorfu ar Catherine Edward dalu ugain swllt am dderbyn Mr Harris i'w thŷ, a'r triwyr[22] eraill bum swllt bob un am wrando arno.

Oedfa Tŷ Nant

1741 Yn yr haf y flwyddyn hon yr oedd ieuenctid Tre Benmaen ym mhlwyf Llanfor wedi cytuno a chyflogi telynor, a byddent yn cyfarfod nos Sadyrnau yn ysgubor Tŷ Nant yn y gymdogaeth honno, i ganu a dawnsio, a byddai eu llawenydd yn para hyd drannoeth gan amlaf. Un o'r nos Sadyrnau hyn aeth Jenkin Morgan yr ysgolfeistr i'r Tŷ Nant hwnnw i gynghori, ac aeth Edward William ab Edward gydag ef. Yr oedd y ddau ŵr hyn yn y tŷ, a'r ieuenctid yn yr ysgubor yn dechreu ar eu llawenydd a'u dawns. Ond pan ddechreuodd Jenkin gynghori aeth ambell un ohonynt i glustfeinio, ac wrth glustfeinio tynnwyd hwy yn nes. Ac wedi felly fyned ymlaen a gwrando enillodd y Gair y dydd a daliwyd hwy ganddo i wrando'n astud. Eraill a ddeuai ar eu hôl a digwyddai iddynt fel i'r rhai cyntaf. A'r rhai a arhosai yn yr ysgubor nid oeddynt yn cael iawn hwyl ar eu dawns. Clywais un ohonynt yn dwedyd eu bod yn ceisio â'u holl egni ymroi i'r ddawns ond yn methu, oblegid rhyw fodd fod y pleser ynddo wedi dianc oddi arnynt. Felly hwy o un i un a aethant bawb i'r tŷ i wrando. A chyda hwynt aeth y telynor hefyd. A phan ddaethant rhoddes[23] Duw y fath allu i lefaru, a'r fath effaith argyhoeddiadol gyda'r hyn a leferid, fel ag y dwysbigwyd ymron pawb a oedd yn y tŷ. Yr oedd llefain mawr trwy'r holl dŷ (yn enwedig gan yr ieuenctid) megis llefain ceidwad y carchar yn Philipi. Dychryn trwm a ddaliodd bawb ohonynt am gyflwr eu henaid. Wedi iddynt ymadael yr oeddynt yn llefain ac yn wylofain ar hyd y caeau wrth fyned oddi yno tua'u cartrefi. Y telynor hefyd a gafodd y fath ddychryn ag y buasai wrth fyned adref yn torri ei delyn yn chwilfriw oni buasai i rywrai ei rwystro. Mi a adwaenwn bump o bobl ag yr wyf fi yn hollol gredu a wir alwyd y nos hon: pa faint ychwaneg ni wn.

Methodistiaid cynnar y Bala

1741 Soniwyd o'r blaen fod y Bala ennyd o amser ar ôl y Dydd Mawrth hwnnw o erlid mawr ar Mr Harris a Jenkin Morgan heb neb yn dyfod i bregethu, ond er hynny bod y rhai a gawsent flas ar y Gair tan y pregethau cyntaf hynny yn ymgynnull at ei gilydd yn nhŷ Edward William ab Edward, Ymneilltuwr o ran ei broffes. Y rhai a ymgyfarfyddent yno oedd y rhai hyn:

John Moses, y gof,
Evan Moses[24] ei frawd ef. Hwn oedd ŵr difrif, deffrous, a diwyd iawn mewn crefydd, a pharhaodd felly tra bu ef fyw,
John Edmund[25] crydd o'r dref,
Ellis Francis, teiliwr o'r dref,
Owen Owens,[26] siopwr hefyd o'r dref,
Thomas Rowland o Benmaen ym mhlwyf Llanfor, a John ei frawd ef,
ynghyd ag eraill.
Yr oedd hefyd ferch i hen ŵr duwiol o Ymneilltuwr, a alwyd Margaret Morris,[27] yr hon oedd ag argoelion dymunol arni, gyda hwynt.

Torrodd y rhain yn fuan wedi clywed Mr Harris a Jenkin oddi wrth eu hen gyfeillion a'u hen arferion hefyd, a buant dra diwyd a difrif yn arfer y moddion oedd ganddynt gyda'i gilydd ar y Sabothau ac amserau eraill tuag at ddyfod i adnabyddus feddiant o wir grefydd. Eu harfer oedd darllen y Beibl a llyfrau iach eraill, gweddïo a chanu mawl i Dduw. Ymhen ychydig torrodd Evan Moses allan i gynghori yn eu plith a bu dra defnyddiol hyd ddydd ei farwolaeth.

Gweinidogaeth Ymneilltuwyr

Byddai ar brydiau yr amser yma ac yn ôl hyn, rai gweinidogion ymneilltuol yn dyfod i'r Weirglodd Gilfach[28] a Nantydeiliau ym mhlwyf Llanuwchllyn. A phan fyddai bregethwr[29] yn y mannau hynny âi pobl y dref i'w gwrando. A dyma fel y bu arnynt hyd y flwyddyn 1744.

Gweinidogaeth Cynghorwyr

1744 Yn y gaeaf y flwyddyn hon (1744) daeth un William Richard Lloyd,[30] gŵr o Sir Aberteifi, i'r Bala i bregethu. Ac am fod gwrthwynebrwydd pobl y dref cymaint, byddai raid bod y bregeth cyn y dydd, onide, ni cheid dim llonyddwch. Yn y flwyddyn hon daeth Lewis Evan[31] o Lanllugan yn Sir Drefaldwyn hefyd i bregethu. Yntau oedd yn gorfod pregethu cyn y dydd oherwydd yr erlid, [a mynych y cynhaliwyd y cyfarfodydd yn y Cytir,[32] sef y Bryniau Golau.][33]

Corffoli Cymdeithas

1745 Yn y flwyddyn yma y dechreuodd ynghylch wyth o bobl y dref ymgorffoli yn gymdeithas, i gyd gyfarfod â'i gilydd yn wythnosol i hyfforddi ac adeiladu y naill y llall mewn gwybodaeth fwy manwl o Grist ac ohonynt eu hunain, ac i gyfrannu at achos yr Efengyl, a chadw disgyblaeth yn ôl Gair Duw ym mherthynas i'w bucheddau. [A mawr oedd gofal yr ychydig bobl hyn am ei gilydd. Byddent yn rhoddi llinyn trwy'r ffenestri allan a'r pen arall ynglŷn â hwynt yn y gwely'r nos fel ag y byddai iddynt ddeffro'i gilydd i gydgyfarfod yn y plygain yn ddiarwybod i'r erlidwyr.][34]

Evan Moses

Ynghylch y pryd hwn y dechreuodd Evan Moses, un o'r aelodau uchod, lefaru yn gyhoedd ar y Sabothau a pharhaodd i hynny hyd ddydd ei farwolaeth. Yr oedd ef yn ŵr hynod o ran rhodio yn agos i Dduw ac yn ddidramgwydd i ddynion er pan ei galwyd hyd ddydd ei farwolaeth, [sef dros ysbaid ugain mlynedd.][35]

Llawer o chwerwder a chenfigen a ddangosodd erlidwyr y dref a'i chymdogaeth i'r ychydig bobl hyn, eto cynyddasant er maint y llid fel ag yr oedd eu rhifedi yn y flwyddyn 1752 o amgylch deugain neu fwy.

Yr Ymraniad

1752 Ynghylch y flwyddyn hon, 1752, y torrodd ymrafael allan rhwng Mr Howel Harris o Drefeca yn Sir Frycheiniog (un o ddoniau hynod i bregethu mewn ffordd daranllyd) ac eraill o Gynghorwyr Cymru gydag ef, a'r Parchedig Mr Daniel Rowland o Langeitho yn Sir Aberteifi, (pregethwr bywiol ac efengylaidd) ac eraill, offeiriaid a chynghorwyr oedd yn cario ymlaen y Diwygiad yng Nghymru gydag yntau.

Achos[36] o'r ymrafael neu'r ymraniad oedd rhai pethau mewn athrawiaeth, a hefyd gwaith Mr Howel Harris yn derbyn o bob sir wŷr oddi wrth eu gwragedd a'r gwragedd oddi wrth eu gwŷr, i fyw yn y sefydliad a oedd ganddo yn Nhrefeca i'r diben o dreulio'u hoes yn grefyddol mewn dull cyffelyb i'r Morafiaid.[37] Bu'r ymraniad hwn yn achos o dristwch mawr a gofid i'r cyfeillion drwy holl ardaloedd Cymru oblegid y parch a oedd ganddynt o'r blaen i Mr Harris oherwydd ei fawr lwyddiant a'i enwogrwydd. Ond nid llawer o'r offeiriaid a'r cynghorwyr a gafodd i fod o'r un meddwl ag ef, canys hwy a gadwasant at eu trefn eu hunain i gario'r achos ymlaen mewn tangnefedd a llwyddiant mawr. Ac er i rai o blaid Mr Harris, wedi'r ymraniad ddyfod yn aml i'r Bala i bregethu, eto ni chawsant hir dderbyniad.

Caredigrwydd Deheuwyr

Ond i ddychwelyd at ein hanes ni yn y Bala. Teilwng yw coffau am garedigrwydd proffeswyr y Deheudir, yn enwedig rhai Sir Forgannwg yn yr amser hyn, pa rai a anfonent ar eu traul eu hunain ddau o genhadon ffyddlon, sef John Belcher[38] a Dafydd William[39] bob yn ail chwarter dros rai blynyddoedd i bregethu'r Efengyl i'r ardaloedd hyn yn wyneb llawer o iselder ac anawsterau. Nid oeddem ni ond ychydig nifer a thlawd ac o'r braidd y gallem trwy fawr ymdrech roddi cymaint â thamaid iddynt wedi eu dyfod. Yr hyn a fyddai'n cael ei wneud drwy fod un yn cario ychydig o fenyn, un arall gaws a'r llall ychydig o gig i'r tŷ y byddent yn lletya.

Ymddiddanion *Scrutator* a *Senex*

YMDDIDDANION *SCRUTATOR* A *SENEX*

YMDDIDDAN 1

Ebrill 1799

Ymddiddan rhwng* Scrutator *a* Senex *am ddechreuad a chynnydd y diwygiad crefyddol a fu yn yr oes bresennol mewn rhai ardaloedd o Ogledd Cymru

SCRUTATOR: Dydd da i chwi, fy hen gyfaill: mae'n dda gennyf eich gweld. Eisteddwch.

SENEX: Diolch i chwi, ond nid oes gennyf mo'r amser i eistedd yn hir. Y mae trafferthion y byd hwn yn fy ngalw.

SCRUTATOR: A ydyw y rheini fyth yn eich dilyn? Eisteddwch am ennyd. Y mae'n bryd bellach i chwi gael byd ychydig esmwythach. Nis gellwch wneuthur mo'r llawer. Beth yw'ch oedran?

SENEX: Yr wyf yn tynnu at bedwar ugain.

Cyflwr ysbrydol Penllyn cyn y Diwygiad

SCRUTATOR: Pa bryd y daethoch gyntaf i'r parthau hyn o'r wlad?

SENEX: Mi a ddeuthum yma yn y flwyddyn 1742.

SCRUTATOR: Y mae cryn gyfnewidiad o ran crefydd a moesau i'w weld yma wrth gofio agwedd y wlad y pryd hynny, onid oes?

SENEX: O, rhyfedd sôn! Goeliaf fi, gyfnewidiad mawr iawn.

SCRUTATOR: Llawer o anwybodaeth ac afreolaeth buchedd oedd yma yr amser hwnnw, mae'n debygol: ac o'r hyn y mae gormod hyd heddiw, ysywaeth.

SENEX: Ie, yr oedd tywyllwch mawr yn y wlad. Beiblau oeddynt yn dra anaml:[40] ychydig iawn o'r bobl gyffredin a fedrent air ar lyfr: ac arferion y wlad oeddynt yn dra llygredig ac anfoesol. Yr oedd bonedd a gwreng, gwŷr llên a gwŷr lleyg, yn o gyffelyb i'w gilydd: y rhan fwyaf yn byw yn anghymedrol, yn ddi-barch at orchmynion sanctaidd Duw, ac yn dra esgeulus o'i addoliad. Glythineb, meddwdod ac anlladrwydd oeddynt fel ffrydiau llifeiriol wedi gorchuddio'r wlad.

Ac nid oedd yr athrawiaeth a'r addysgiadau yn y llannau, yn gyffredin, ond yn dywyll a dirym iawn i wrthsefyll a diwygio oddi wrth y pechodau gwaeddfawr[41] hyn. Nid oedd ynddynt nemor o sôn am drueni gwreiddiol dyn, am ffydd yng Nghrist er cyfiawnhad pechadur, nac adnewyddiad gan yr Ysbryd Glân.

SCRUTATOR: Galarus oedd hynny. Goleuni'r byd a halen y ddaear yw athrawon duwiol yn cyhoeddi'r efengyl i bechaduriaid. Y mae athrawiaeth iachus yn feddyginiaethol. Y mae fel halen yn pereiddio byd llygredig ac yn dwyn ymaith ei adflas, neu fel dyfroedd Eseciel yn mynd i'r môr marw ac yn iachau'r dyfroedd. Ond mynegwch i mi rywfaint o'u dull a'u harferion.

SENEX: Yr oedd y bobl gyffredin yn fwy am fynd i'r eglwysi bore ddydd Saboth nac oedd y boneddigion: ond brynhawniau Sabothau rhedeg y byddent hwythau at eu chwaryddiaethau.[42] Nid oedd odid Sul brynhawn na byddai'r peth a elwid 'chwaryddfa gampau' yn rhyw fan yn y wlad. Yn y rhain byddai gwŷr ieuainc yn dangos eu grymuster, a llawer iawn o bobl y cymdogaethau'n dyfod i edrych arnynt. Ar nosau Sadwrn, yn enwedig yn yr haf, byddai ieuenctid, meibion a merched, yn cadw'r pethau a elwid *Nosweithiau canu*, ac yn difyrru'u hunain wrth ganu efo'r delyn a'r ddawns hyd doriad y wawr ddydd Saboth.

Yn y dref yma, Y Bala, hwy fyddent ar brynhawniau Sabothau'n canu ac yn dawnsio yn y tafarndai, yn chwarae tenis ar yr *Hall,* yn *bobio.*[43] Ym mhob cwr i'r dref fe fyddai rhyw chwaryddiaeth[44] yn mynd ymlaen tra parhâi golau dydd Sul. Yn yr haf fe fyddai *Interludes*[45] yn cael eu chwarae ar fwrdd yr *Hall* ar brynhawniau Sabothau, a boneddigion a chyffredin yn cyd-ymddifyrru yn y modd hwn i halogi Dydd yr Arglwydd.

Yr oedd hefyd finteioedd o'r rhai a elwid *Y Bobl gerdded* yn dyfod i'r dref yma ar amserau. Crwydriaid oedd y rhain yn tramwy'r wlad i gardota, os nad i bethau gwaeth na hynny. Yr oeddynt o fucheddau llygredig ac anifeilaidd, yn ormes ar y wlad, ac yn gywilydd i'r swyddogion am eu goddef. Dyma beth o ddull ein gwlad o ran ei moesau yn y flwyddyn 1742 ac y rhawg wedi hynny. Am wir grefydd a duwioldeb, os wrth y ffrwythau yr adwaenir hwynt, nid oedd yma nemor, - o'r hyn lleiaf i'm golwg i.

Cyfraniad yr Ymneilltuwyr

SCRUTATOR: A oedd neb yn y wlad yr amser hynny yn gwneuthur un math o broffes neilltuol o Grist a duwioldeb?

SENEX: Oedd, ychydig o Ymneilltuwyr. Trwy weinidogaeth Mr Walter Cradoc[46] yn Wrecsam y cafodd Morgan Llwyd o Gynfal[47] ei alw. Gŵr tra enwog yn ei oes oedd Morgan Llwyd, o gyneddfau cryfion, dwys fyfyrdod, a symlrwydd duwiol. Fe fu yn fynych yn y parthau hyn yn pregethu, yn y Bodwenni[48] a mannau eraill. Y rhai a alwyd trwy ei weinidogaeth ef oeddynt ddechreuad y gynulleidfa gyntaf o Ymneilltuwyr yn y fro hon. Yr oedd amryw weinidogion o leoedd eraill yn dyfod i bregethu iddynt ar amserau, megis Mr Baddy[49] o Ddinbych, a Mr Jervice[50] o Lanfyllin. Mr Kenrick[51] o Fron y Clydwr a fyddai hefyd yn dyfod atynt yn fynych.

Lewis Rees

Ar ôl marwolaeth Mr Kenrick fe ddaeth Mr Lewis Rees[52] yn achlysurol i bregethu iddynt. Yr oedd y gŵr hwn wedi'i sefydlu'n weinidog ar gynulleidfa Llanbryn-mair, ac wedi'i gynysgaeddu â doniau helaeth, yn enwedig mewn gweddi. Ar ryw dro pan ydoedd yn y Bala, digwyddodd fod un Meurig Dafydd[53] o'r Weirglodd Gilfach yng nghwm Cynllwyd, plwyf Llanuwchlyn, yn gwrando arno. Y bregeth a gafodd effaith ar Meurig, fe a fawr-hoffodd y gŵr a'i athrawiaeth. Bu daer arno ddyfod i'w dŷ yntau, y Weirglodd Gilfach, i bregethu. Efe a addawodd ddyfod, a'r dydd a benodwyd. Pan ddaeth yr amser fe fu Mr Rees gystal â'i addewid.

Oedfa'r Weirglodd Gilfach

Daeth amryw o bobl y gymdogaeth i'r oedfa, ond i gyda'u hosanau yn eu dwylo fel y nosweithiau eraill yn mynd i dai ei gilydd. (Y mae cyfarfod i gyd-wau'n arferiad nosweithiol yn y wlad hon). Ac felly yr eisteddasant o amgylch llawr y tŷ, pawb â'u bysedd yn gyflym ar eu gorchwyl. Yn y cyfamser yr oedd Mr Rees yn eistedd wrth y tân, ac ond odid yr oedd yn bwrw cil ei lygad ar ei ddarpar-wrandawyr. Pan welodd ei amser, cododd oddi wrth y tân at y bwrdd yn ochr y llawr, a chymerodd y Beibl i ddarllen pennod, gan ddisgwyl yn ddiamau iddynt roddi'r hosanau heibio i wrando gair Duw. Ond glynu wrth eu gorchwyl yr oeddynt hwy oll yn ddyfal. Fe gymerodd achlysur i sylwi ar ryw faterion oedd yn y bennod, eto nid oedd dim yn tycio i gael gan eu bysedd, mwy na'u meddyliau, ymlonyddu. Wedi hyn meddyliodd am geisio mynd i weddi, er nad oedd argoel yn y byd y câi efe yno fawr o gyd-weddïwyr. Mynd i weddi a wnaeth, ac wrth fynd ar ei liniau yr olwg ddiweddaf a gafodd arnynt oedd mewn prysur driniad ar eu gwëyll.

Chwi ellwch feddwl na chafodd efe mo'r llawer o galondid oddi wrth ei wrandawyr i ddechrau'i ymbiliad: ond ni adawodd yr Arglwydd mohono'n ddigymorth na'i weddi chwaith yn ddieffaith. Cyn ei diwedd fe a glywai ocheneidiau dwysion distaw yn eu plith, ac erbyn codi oddi ar ei liniau fe welai bob hosan wedi cwympo i'r llawr. Erbyn hyn cafodd y gŵr ei wrandawyr i hwyl well i wrando: ac ond odid yr oedd yntau mewn hwyl well i bregethu iddynt.

Ymweliad cyntaf Harris

SCRUTATOR: Pa bryd y dechreuodd y Methodistiaid ddyfod i'r wlad?

SENEX: Oddeutu'r flwyddyn 1739. Cyn hyn y buasai'r oedfa uchod yn y Weirglodd Gilfach. Ar ôl honno aeth Mr Rees i'r Deheudir: yno yn rhywle y cyfarfu â Mr Howel Harris, yr hwn oedd y pryd hynny'n dechrau mynd oddi amgylch y wlad yn llawn o sêl, ac yn pregethu'n llwyddiannus. Adroddodd Mr Rees iddo ba fath ddull tywyll a phaganaidd oedd ar drigolion yr ardaloedd hyn, ac wedi clywed yr hanes ni orffwysodd Mr Harris nes dyfod i Lanuwchlyn.

Un o Feibion tanllyd y Daran oedd efe, a hynod mewn gwresogrwydd a gwroldeb ysbryd. Pan ddaeth nid ymdrôdd ond ychydig heb wneuthur diben ei ddyfodiad yn hysbys i'r pentref a'r gymdogaeth. Pan ddaethant ynghyd traethodd ei neges iddynt oddi ar ben clawdd, wrth y tŷ y disgynasai efe ynddo. Dyma'r bregeth gyntaf a bregethwyd gan neb o'r Methodistiaid yn Sir Feirionnydd. Cafodd ryw nifer fechan eu galw dan y bregeth hon i fod fel ysgub gwhwfan gwlad Penllyn. O Lanuwchllyn fe ddaeth Mr Harris i'r Bala. Safodd wrth dalcen yr *Hall,* a chafodd lonyddwch y tro hwn i bregethu yma. Dyma'r bregeth gyntaf a bregethwyd gan Fethodist yn y Bala.

Methodistiaid cyntaf y Bala

SCRUTATOR: Beth a ddaeth o'r ychydig a alwyd drwy'r bregeth honno?

SENEX: Yr oedd yn y dref hon pan ddeuthum gyntaf iddi ddiadell fechan ohonynt. Nid oeddynt ond ychydig o nifer a'u hamgylchiadau'n isel yn y byd. Er hynny, gwelodd Duw fod yn dda beri'r dechrau bychan hwn gynyddu'n ddirfawr, megis y gwelir heddiw. Hwy fyddent yn ymgynnull at ei gilydd ar y Sabothau, fore a phrynhawn, i ddarllen y Beibl, gweddïo a chanu mawl. Ac y mae dau beth yn cadarnhau fy meddwl eu bod o Dduw, sef yn gyntaf, eu symlrwydd a'u sobrwydd yn y gwaith hwnnw, ynghyd â'u hymddygiad gweddaidd bob amser arall. Yn ail, llid a chwerwder y bobl anfoesol a nodais o'r blaen tuag atynt. Os wrth y ffrwythau yr adwaenir gwir grefydd a duwioldeb, yr oeddynt yma i'w gweld ym mhlith y tlodion hyn.

Jenkin Morgan

SCRUTATOR: A oeddynt yn hollol amddifad o bregethiad yr efengyl yn y blynyddoedd hynny? Tlodi dwys ydyw tlodi am air Duw a'r pregethiad ohono yn ei burdeb mewn gwlad.

SENEX: Heblaw pregeth neu ddwy gan Mr Harris ni chawsant fwynhau ond ychydig o weinidogaeth yr efengyl am rai blynyddoedd. Ond yn y dyddiau hyn fe fu'r hen Ymneilltuwyr yn beth achles[54] iddynt. Un Jenkin Morgan hefyd a fu yn dra defnyddiol yn y parthau hyn yn yr amseroedd tywyll hynny. Gŵr o Sir Gaerfyrddin oedd efe, wedi'i anfon gan y gweinidog llafurus hwnnw, Mr Griffith Jones, i gadw Ysgol Rad yn y wlad hon.

Fe fyddai'r gŵr hwn yn mynd ar nosweithiau i dai yn y gymdogaeth i bregethu. Un o Feibion y Daran oedd efe o ran ei ddoniau fel y rhan fwyaf o'r pregethwyr boreol yn y dyddiau hynny. Ond ar un noswaith yn enwedig fe fu i arddeliad ac effaith tra neilltuol ganlyn ei lafur a'i weinidogaeth. Un o'r oedfeuon mwyaf hynod a glywais amdani erioed oedd hon. Ac yn y Tŷ Nant, yn nhre Benmaen, gerllaw'r Bala, y cafodd ei chadw.

Oedfa Tŷ Nant

SCRUTATOR: Adroddwch imi rywfaint o hanes neilltuol yr oedfa honno.

SENEX: Y peth a fu fel hyn. Yr oedd (fel y byddai'n fynych yn y wlad y pryd hynny) noswaith ganu gan ieuenctid y gymdogaeth yn ysgubor Tŷ Nant i'w chynnal bob nos Sadwrn, ac yr oedd yr ysgubor tan yr un to â'r tŷ. Fe gafodd hen ŵr, un o'r Ymneilltuwyr, yn ddwys ar ei feddwl roi cais am gennad i Jenkin Morgan ddyfod i'r tŷ yn ymyl yr ysgubor i bregethu, a hynny ar un o'r nosweithiau ac ar yr un pryd ag y byddai'r bobl ieuainc yn yr ysgubor wrth eu dawns. Yn rhywfodd, cennad a gafwyd.

A mynd a wnaeth Jenkin Morgan a'r hen Ymneilltuwr gydag ef at y tŷ. Daethant yno erbyn bod y bobl ieuainc wedi dod ynghyd. Aeth Jenkin i'r tŷ, â'i blaid gydag ef, (Duw goruchaf ydwyf yn ei feddwl), ac a ddechreuodd ar ei orchwyl. Aethant hwythau a'u telynor a'u plaid ynghyd, (Satan wyf yn ei feddwl) at eu gorchwyl hwythau i'r ysgubor. Gan fod y tŷ a'r ysgubor mor gyfagos yr oedd llais y naill blaid yn cyrraedd y llall. Dechreuodd y bobl ieuainc gyda mawr awch ac egni ar eu dawns, gan feddwl boddi'r sain a llwyr orchfygu'r gwaith oedd yn y tŷ.

Ond llaw'r Arglwydd a fu arnynt mewn ffordd ddirgelaidd fel na chawsant na hwyl na thymer ar eu dawns er eu holl ymgais a'u hymegnïad. Yr oedd Jenkin erbyn hyn ers tro wedi ymaflyd yn ei waith ac yn cael ei gynorthwyo ynddo. Un o'r dawnswyr a giliodd oddi wrth ei gymdeithion at ddrws y tŷ i glust-ymrwando, ac wrth wrando fe lynodd y gair ynddo, fel y bu raid iddo dynnu ymlaen i'r tŷ. Yn y man un arall a'i canlynodd, a thrydydd, a phedwerydd, a phumed, nes daethant felly o'r diwedd oll i'r tŷ, a'r hen delynor hefyd, ac fe orfu arnynt ymlonyddu i wrando.

Tra yr oeddynt yn gwrando syrthiodd y fath ysbryd grymus o argyhoeddiad arnynt oll, y telynor a chwbl, nes llefasant allan, fel y tair mil yn Jerwsalem gynt (Actau 2:37), os nad yn yr un geiriau, eto mewn geiriau ag oedd yn arwyddol o'r un dychryn ac ofn yn achos eu heneidiau. Wedi'r oedfa aethant dan lefain felly ar hyd y ffyrdd a'r caeau tua'u cartrefi. Myfi a adwaenwn bump o'r bobl hyn a gawsant eu galw yn yr oedfa hon, y rhai a barhasant yn syml a sylweddol yn eu proffes grefyddol hyd ddydd eu marwolaeth.

SCRUTATOR: Yr ydwyf yn dra diolchgar i chwi am yr ychydig hanesion hyn o'r blynyddoedd a aethant heibio. Rhyfedd yw gwaith a llwybrau'r Arglwydd! Nid oedd yma ond dechreuad bychan, fel yr ychydig surdoes yn y blawd, neu megis eginyn gwan. Ond er gwanned oedd yr eginyn, fe dyfodd yn hyfryd-raddol, ac a ymledodd yn rhyfedd. Yr oedd teyrnas Satan yn ei grym, fel y ddelw fawr yn llyfr Daniel (2:32), ac wele yma ryw gyfran o waith y garreg fechan, Teyrnas Crist, yn ei gwendid megis, yn taro'r ddelw fawr, yn ei threulio a'i malurio, nes aeth y cwbl yn llwch, yn ddim, a'r garreg yn fynydd mawr, yn llenwi ei lle. Dysged hyn i ni beidio diystyru dydd y pethau bychain (Sech. 4:10). Er bychaned fyddo'r pethau, os bydd y Duw mawr o'u plaid y mae hynny'n ddigon: maent yn sicr o lwyddo.

Y mae llawer peth yn ein golwg ni fel mynydd mawr, ond y mae Duw yn medru siarad â hwnnw fel pe bai yn beth diddim: 'Pwy wyt ti, y mynydd mawr?' Mynydd mawr yn ei dyb ei hun, a mynydd mawr, mae'n debygol hefyd, yng ngolwg Israel wan, 'gerbron Sorobabel y byddi yn wastadedd,' Sech. 4:7. Llanwed Duw ni â'i fawredd ei hun. Hyn a'n cefnoga ni yn ei waith yn wyneb pob digalondid. Ond mynegwch eto pa bryd y daeth Mr Harris drachefn i'r wlad, a pha lwyddiant a gafodd.

Ail ymweliad Harris

SENEX: Mi a ddywedais eisoes iddo [Howel Harris] ddyfod y tro cyntaf oddeutu'r flwyddyn 1739, ac iddo bregethu wrth dalcen yr *Hall* mewn llonyddwch. Yr oedd y bobl yn gyffredin yn meddwl mai dyn ydoedd a welsai ryw weledigaethau rhyfedd, a'i fod yn chwennych adrodd y rheini, ac fe gawsai groeso ganddynt yn y dafarn pe buasai hynny'n dderbyniol ganddo. Efe a ddaeth yr ail waith yn yr haf yr un flwyddyn. Safodd y tro hwnnw wrth gefn yr *Hall*, ond go aflonydd a fu ei wrandawyr y pryd hyn: rhai am ei dynnu i lawr, a rhai am lonyddwch iddo, fel y buont agos â churo'i gilydd.

Trydydd ymweliad Harris

Y drydedd waith y daeth efe yma oedd yng nghylch dechrau'r flwyddyn

1740. Dyma'r tro y cafodd yr amarch mwyaf a ddigwyddodd iddo yn ei holl fywyd er ei fod yn fynych mewn amarch ac enbydrwydd mawr. Yr oedd yma amryw yn y wlad a'r dref wedi cael gradd o sobrwydd meddwl wrth ei wrando o'r blaen, a hwy a ddaethant at ei gilydd i dŷ gwraig weddw oedd yn byw tua chanol y dref, gan ddisgwyl cael ei wrando y tro hwn. Yn y cyfamser yr oedd byddin luosog o wrthwynebwyr yn cael ei pharatoi.

Yr oedd Person y plwyf wedi anfon i annog y plwyfolion i ddyfod i'r Bala i amddiffyn yr eglwys. Felly nifer luosog ohonynt, a'r Person o'u blaen fel arweinydd, a ddaethant i mewn i'r dref. Yna'r Person, fel pen y gad, a lefodd yn groch am i bawb o'r dref ag oedd yn caru'r eglwys ddyfod allan i'w hamddiffyn. Ar hynny cododd llawer o drigolion y dref i chwanegu'r fyddin. Y Person wedi hyn a arweiniodd y llu yn gyntaf at dŷ tafarn: rhoddwyd baril o gwrw ar y garreg farch i bawb yfed a fynnent i'w cymhwyso at yr ymosod. Ar ôl yfed yn dra helaeth ymddiosgodd amryw ohonynt at eu crysau a daethant fel hyn, â'u pastynffyn yn eu dwylo a gwedd arswydus arnynt, at y tŷ lle'r oedd y bobl wedi ymgynnull i wrando'r gŵr yn pregethu.

Dychmygwch, os gellwch, yn eich meddwl, y fath olwg ac agwedd arswydus oedd ar y llu yma yn mynd i'r gad ac yn bloeddio i'r frwydr, fel pe buasai 'llu Uffern, gethern gau,' wedi cydymgodi a pha fath fraw oedd wedi meddiannu'r ychydig drueiniaid oedd yn deall eu hamcan ac yn disgwyl amdanynt. Yma crybwyllaf fy meddwl mai yn eu hanwybodaeth yr oeddynt yn gwneuthur hyn a'u bod yn tybied eu bod yn gwneuthur gwasanaeth i Dduw. Ac wrth ystyried hynny, nis gallaf lai na chodi fy nwylo a dweud, 'O! anwybodaeth yr amseroedd hynny!'

Erlid Harris

Ond, i fynd ymlaen â'r hanes: daethant fel hyn at y tŷ pan oedd Mr Harris yn darllen ei destun, Actau 9:4, 'Saul, Saul, paham yr wyt yn fy erlid i?' Ni chafodd ymadroddi ond ychydig. Torrwyd y ffenestri'n ebrwydd a dringodd rhai i ben y tŷ , ar fedr ei dynnu i lawr. Eraill a ddaethant i mewn ac a ddwrdiasant Mr Harris i ddyfod allan, ac onid e y tynnent y tŷ ar eu pennau hwy oll. Allan y bu raid iddo fynd a rhai o'i wrandawyr gydag ef, fel defaid i safnau'r cŵn.

Yr oedd yn nifer ei wrandawyr amryw wŷr cryfion a chalonnog yn ymroddi i sefyll o'i ddeutu i'w achub a'i amddiffyn hyd y gallent. Ond er grymused oeddynt ni allasent achub nemor arno rhag y dorf fileinig hon. Yr oedd y meibion a'r merched y naill mor greulon â'r llall: y merched yn ei drybaeddu â thom yr heol, a'r meibion â'u dyrnau a'u pastynffyn yn ei guro'n ofnadwy, er bod y gwŷr uchod yn achub hyd y gallent ac yn derbyn llawer o'r dyrnodiau. Torasant amryw archollion ar ei ben, ac yr oedd ei waed yn lliwio cerrig yr heol. Y dorf greulon a'i dilynasant gan ei faeddu agos yn ddibaid o'r dref hyd y ffordd sydd yn mynd gydag ochr y llyn tua Llanycil, ac yma fe fu Mr Harris i lawr tan eu traed hwy tros ennyd o amser fel y tybiodd yn sicr yr aent â'i fywyd. Hynny, yn ôl pob tebygoliaeth a wnaethent oni buasai i'r Arglwydd mewn modd hynod ragflaenu. Fe wnaeth hyn trwy roddi yng nghalonnau tri o wŷr lled gyfrifol o'r gymdogaeth, rhai o nifer yr erlidwyr hefyd, i ymorchestu i'w achub. Hwy a ymwrolasant drosto yn y cyfwng caletaf, a thrwy orchest fawr hwy a dyciasant i gadw'i einioes o ddwylo rhai gwaedlyd oedd yn dal i'w guro ac yn sychedu am waed ei galon.

Dioddefaint Jenkin Morgan

Yr oedd Jenkin Morgan, yr Ysgolfeistr Cymraeg, wedi dyfod gydag ef i'r dref i wrando arno, ac felly yn nod neilltuol i gynddaredd yr erlidwyr. Fe gafodd trwy ryw fodd afael yn ei geffyl, ac a wnaeth y gorau o'i ffordd i ddianc. Ond ar y ffordd, wrth ochr y llyn, fe graffwyd[55] arno: tynasant ef oddi ar ei geffyl, ac wrth ei lusgo i lawr fe lynodd ei droed yn yr wrthafl[56]. Y mae torlan uchel yn y fan honno ar ddisgyniad serth o fin y ffordd i'r llyn. Hwy a wnaethant ymdrech fawr i daflu'r ceffyl ac yntau felly ynglŷn wrtho, tros y dibyn i'w ddifetha. Ond yn hyn fe'u lluddiwyd gan yr Arglwydd yn ei ragluniaeth dirion.

Dyma i chwi rywfaint o olwg ar y diwrnod terfysglyd hwnnw ym mha un yr ymddangosodd Duw yn hynod o blaid ei weision, gan achub eu bywydau o ddwylo dynion gwaedlyd.

SCRUTATOR: Yr wyf yn ddiolchgar i chi am hyn o hanesion syml a buddiol. Y maent yn werth eu coffau, ac yn werth eu cadw mewn cof i'r oes a ddaw. Mi a obeithiaf ymhellach y trefnir i ni gyfle cyn bo hir i adnewyddu ein hymddiddan am y fath bethau.

YMDDIDDAN 2 Rhagfyr 1809

Cyffes Ffydd John Evans

SCRUTATOR: Y mae'n hoff gennyf eich gweled unwaith eto, fy hen gyfaill. Pa fodd yr ydych? Yr ydych yn ymddangos wedi heneiddio llawer wedi'n hymddiddan o'r blaen efo'n gilydd.

SENEX: Yr ydwyf wedi heneiddio llawer, canys y mae'n agos i ddeng mlynedd er hynny.

SCRUTATOR: A ydych chwi yn cael iechyd symol[57]?

SENEX: Gweddol, ac ystyried fy oedran, ond bod fy nghlyw yn ddrwg. Yr oeddwn yn dda iawn hyd y gwanwyn diwethaf, pan gefais anwyd wrth ddyfod adref o Gymdeithasfa Fisol y Sir yn Harlech. Bûm yn hir yn sâl, yn wan ac yn nychlyd wedi hynny, ac nid wyf eto ond go lesg.

SCRUTATOR: Pa fodd mae eich meddwl yn y llesgrwydd hwn?

SENEX: Yr wyf yn gyntaf yn edrych arnaf fy hun yn bechadur mawr, yn bechadur brwnt, y mae'n ffiaidd gennyf fi fy hun, a dymunwn edifarhau mewn llwch a lludw. Yn ail, yr wyf yn credu i Iesu Grist ddyfod i'r byd i gadw pechaduriaid ffiaidd o'm bath i. Yn drydydd, yr wyf yn credu fod digon o rinwedd yn ei aberth ef i fy nghymeradwyo gerbron Duw, heb fy nghyfiawnder fy hun. Yn bedwerydd, yr wyf yn credu ei ewyllysgarwch i dderbyn pechadur o'm bath i, gan ei fod yn dweud, 'Yr hwn a ddêl ataf fi nis bwriaf ef allan ddim.' Yn ddiwethaf, yr wyf yn credu fy mod wedi cael fy nerthu gan Dduw i ddyfod ato a rhoddi fy hun iddo. Ni ddaw neb ato oddi eithr i'r Tad ei dynnu, ond pob un a glywodd gan y Tad, ac a ddysgodd, sydd yn dyfod ato. Dyma sydd gennyf i ddweud am fy mater: Pechadur gwael ydwyf fi, ond mae Crist yn Geidwad i bechadur.

Llwybrau'r Iachawdwriaeth

SCRUTATOR: Pa fodd y daethoch i feddwl gyntaf am grefydd?

SENEX: Darllenais bregethau un Mr Russel[58] oedd wedi'u cyfieithu o'r Saesneg i'r Gymraeg yn fy ieuenctid, ac effeithiodd darllen y rheini beth arnaf fel yr oedd arnaf ofn marw yn annuwiol, ond bûm fyw yn ddigon annuwiol wedi hynny. Pan ddeuthum o'r gymdogaeth lle ganed fi yn agos i Wrecsam i'r dref hon, trwy ragluniaeth Duw yn fy arwain, euthum i weithio ac i letya gydag un o'r Ymneilltuwyr.

Yn ganlynol byddwn yn arfer gwrando ar y pregethwyr fyddai'n dyfod y pryd hwnnw'n achlysurol yma i bregethu. Awn i wrando hefyd ar y Methodistiaid pan ddoent, ac felly y tynnwyd ymaith fy rhagfarn yn erbyn y gwaith da hwnnw. Yr wyf yn cofio fy mod mewn cyfarfod gweddi unwaith gydag ychydig ohonynt pan ddaeth rhyw ddylanwadau anarferol arnynt, ac a effeithiodd mor hynod nes yr oeddent yn torri allan i wylo rhai, ac eraill i orfoleddu. Yr wyf yn cofio i un dyn syml a duwiol weiddi allan, 'Y mae yma le rhy boeth i ddiafol!' Bernais ynof fy hun fy mod yn o gyffelyb iddo wrth ystyried dull ac agwedd fy meddwl. Effeithiodd yr oedfa honno arnaf yn neilltuol.

Gweinidogaeth y Deheuwyr

SCRUTATOR: Pa fodd y bu yma am bregethwyr wedi curfa echryslon Mr Howel Harris?

SENEX: Bu dros rai blynyddoedd heb agos neb o'r Methodistiaid yn dyfod. Wedi hynny tosturiodd brodyr y Deheudir wrthym ac wrth dywyllwch anferth trigolion gresynol ein gwlad yn gyffredin, ac anfonasant John Belcher a Dafydd William Dafydd yma bob yn ail chwarter. Yr oedd John Belcher yn ddyn gwrol, o gyneddfau cryfion, yn ddeallus, ac yn bregethwr da. Chwi a adwaenech Dafydd William yr wyf yn meddwl, yr oedd heb farw cyn eich dyfod yma i wladychu, os wyf yn cofio yn dda.

SCRUTATOR: Adwaenwn, ond ychydig a wrandewais i arno erioed, dim dros ddwy neu dair pregeth, a'r rheini pan oeddwn yn ieuanc.

SENEX: Yr oedd Dafydd William yn ŵr tirion, mwynaidd iawn, ac yn bregethwr hynod o iraidd a gwlithog. Bu'r ddau ŵr hyn yn dyfod yma bob yn ail dros rai blynyddoedd, yn wyneb llawer o iselder ac anawsterau. Nid oeddem ni ond tlodion i gyd, ac o'r braidd y gallem roddi llety a thipyn o fwyd iddynt wedi iddynt drwy fawr ymdrech ddyfod atom. Byddai brodyr y Deheudir yn garedig yn eu cynorthwyo, ac onid e, nis gallasent dalu'u ffordd ar eu teithiau. Dafydd William, wedi hynny, a gafodd ei alw gan gynulleidfa o Ymneilltuwyr yn Sir

Forgannwg i fod yn weinidog arnynt, ond heb ymadael â chorff y Methodistiaid, yr oedd yn pregethu yn dderbyniol yn eu plith tra bu byw.

Gweinidogaeth yr Offeiriaid Methodistaidd

SCRUTATOR: Pwy heblaw y ddau ŵr hyn a ddaethant atoch yma i bregethu i chwi?

SENEX: Daeth y Parchedig Peter Williams[59] yma'n fore. Gŵr cryf o gorff ac o feddwl oedd Mr Peter Williams, a phregethwr da. Llafuriodd yn ddiwyd ac yn ffyddlon. Bu'i weinidogaeth yn dra bendithiol, a chafodd llawer eu galw trwyddo. Bu'r Parchedig Howel Davies[60] yma amryw weithiau. Gŵr tirion, mwynaidd, oedd Mr Howel Davies ac yn bregethwr enillgar iawn. Melys yw cofio hefyd am lafur y Parchedig William Williams,[61] yr hwn oedd yn nodedig am ehediadau cryfion tanllyd, athrawiaeth olau, efengylaidd, yn cael ei thraddodi gyda llawer o ireidd-dra ysbrydol. Y tri gŵr hyn oeddynt offeiriaid eglwys Loegr, ond yr oeddent yn gweinidogaethu'n gyffredinol allan o'r llannau, ac yn deithiol ar hyd y wlad ym mhob man. Yr oeddent yn wŷr enwog a defnyddiol iawn yn eu hoes.

Bu'r Parchedig Daniel Rowland[62] yma'n achlysurol, er ei fod yn gweinidogaethu yn Llangeitho, ac yn fwy sefydlog na hwynt-hwy. Yr oedd gweinidogaeth y gŵr hwn, fel y gwyddoch, yn ardderchog dros ben, ac yn rhagori yn ei mawredd a'i hawdurdod ar neb a glywais erioed.

Gweinidogaeth y Cynghorwyr Methodistaidd

SCRUTATOR: A oedd neb cynghorwyr, fel y galwn hwynt, heblaw'r ddau gyntaf a enwasoch, yn dyfod i'ch plith?

SENEX: Oedd, amryw, megis William John o Lancothi,[63] John Harri o Sir Benfro,[64] a Morgan Jones,[65] y tri yn ddynion call, syml, duwiol. Llafuriodd y ddau cyntaf ym mhlith y Methodistiaid hyd ddydd eu marwolaeth gyda llawer o ymdrech, diwydrwydd a ffyddlondeb. Teithiasant siroedd oerion Gwynedd dros flynyddoedd meithion ar bob tywydd, heb gael fawr o ymgeledd yn aml. Morgan Jones oedd ŵr call, deallus a doniol:[66] cafodd ei alw gan gynulleidfa o Ymneilltuwyr yn Sir Fynwy i fod yn weinidog arnynt, i ba rai y gweinidogaethodd yn bennaf dros flynyddoedd diwethaf ei fywyd.

Anfoesgarwch cyffredinol

SCRUTATOR: Rhoesoch hanes i mi o'r blaen am anfoesgarwch trigolion tref ac ardal y Bala. A oedd y wlad yn gyffredin yr un fath?

SENEX: Oedd, yn o gyffelyb ym mhob man. Yr oeddent â'u cyrn i fyny yn erbyn y grefydd a'r crefyddwyr. Er mor gyffredin a thawel y mae pregethu ym mhob ardal yn bresennol a thyrfaoedd lluosog yn gwrando, eto ym mhob lle yn y sir hon ei gwrthwynebu yn ffyrnig a wnaethant ar y cyntaf, hyd nes torrwyd llawer o'r erlidwyr i lawr gan angau ac yr enillodd y gwirionedd y dydd yn raddol.

Moddion Lledaenu'r Efengyl

SCRUTATOR: A oedd rhywrai'n galw am bregethu yn yr amrywiol ardaloedd, neu ynteu ymdrechu mynd yno â'r efengyl heb eu galw y byddai rhai o weision yr Arglwydd?

SENEX: Dechreuodd yn yr amryw fannau mewn llawer dull. Moddion gwael yn aml oedd y dechreuad. Yr oedd ysbryd diwygwyr yn y rhan fwyaf o'r crefyddwyr y dyddiau hynny ac yr oeddynt yn egnïol ac yn ymdrechgar neilltuol i daenu gwybodaeth o'r efengyl yn ardaloedd tywyll y wlad. Yr oeddynt yn hyn yn rhagori'n hynod ar y genhedlaeth glaear farwaidd bresennol. Nid oedd dim yn ormod ganddynt i'w wneud na'i ddioddef er mwyn yr efengyl, ac ofn yn eu calonnau rhag mewn dim iddynt roddi achos i elynion yr Arglwydd gablu. Er bod gwybodaeth a doniau wedi cynyddu'n helaeth yn yr oes bresennol, eto mae'r pethau godidog hyn oedd ym mhlith yr hen bobl, wedi'u colli i raddau mawrion. Ai dyn neu ddynes dlawd ar eu traed yn ddigwyno ac ar eu traul eu hunain hanner cant neu o hynny i gan milltir i ofyn cyhoeddiad, a mawr oedd y llawenydd os rhoddid un cyhoeddiad iddynt am eu llafur.

Teyrnged i Ddaniel Rowland

Llangeitho yn y dyddiau hynny oedd cyrchfan yr holl grefyddwyr. Yr oedd y rhan fwyaf o'r pregethwyr yn cydgyfarfod yno bob Sul pen mis. Yr oedd hynny ynghyd â gweinidogaeth odidog Mr Daniel Rowland yn peri i grefyddwyr heidio yno o bob parth o'r wlad. Oddi yno yr oedd y ffrydiau ffrwythlon yn dylifo yr amseroedd hynny dros yr holl wlad. Byddai ailadrodd y pregethau a glywent gan y teithwyr ar eu dychweliad yn eu taenu trwy'r gwledydd, ac yn cynhyrfu eraill i fynd i wrando'r weinidogaeth oedd yn cael ei thraddodi yno.

Yr oedd doniau ac arddeliad Mr Rowland y fath nas dichon gwrandawyr yr oes bresennol gynnwys dim amgyffred addas amdanynt. Nid oes neb nas gwrandawodd ef a ddichon ddychmygu dim yn addas amdanynt. Cyffelybais ef yn aml yn fy meddwl i'r Tachmoniad hwnnw ym mhlith cedyrn Dafydd. Efe oedd y pennaf o'r tri chyntaf, ac er godidoced oedd y lleill, eto ni chyraeddasant at y tri chyntaf. O! rhyfedd y fath awdurdod a disgleirdeb oedd gyda'i weinidogaeth a'r modd rhyfedd yr effeithiai ar y gwrandawyr! Wedi gwrando pregeth neu ddwy ganddo, âi'r werin i'w hamrywiol deithiau meithion yn llon eu meddwl ac yn ddiolchgar i'r Arglwydd am ei ddawn anhraethol.

Dechrau Methodistiaeth Dolgellau

SCRUTATOR: A ellwch adrodd dim yn neilltuol am gychwyniad crefydd yn rhai ardaloedd yn ein gwlad?

SENEX: Gallaf roddi i chwi beth hanes am hynny. Dechreuad crefydd yn Nolgellau a'i chylchoedd oedd trwy ddyfodiad gwraig grefyddol yno ynghylch 1766 i gadw ysgol. Ei henw oedd Jane Griffith.[67] Ganed a magwyd hi yn yr Erw Bach, yn Nolbenmaen, Sir Gaernarfon. Byddai'r wraig hon yn ymddiddan yn aml â'r sawl a wrandawent arni am ddrwg pechod a chyflwr truenus dyn trwy'r cwymp. Ymwasgodd ychydig o dlodion trwy hyn i ymgyfeillachu â hi. Cyn pen hir ymadawodd y wraig oddi yno, ond ei chyfeillion ni fedrent fod yn llonydd yn hwy heb air y bywyd. Ymofynasant am rai i bregethu iddynt, ac yn fuan daeth llefarwyr o Sir Gaernarfon ac o'r Bala i weinidogaethu iddynt. Ond yr oedd mawr berygl iddynt am eu heinioes oherwydd yr oedd y wlad a'r dref wedi cyffroi'n anferth i wrthwynebu'r ffordd newydd o gynghori dynion mewn tai cyffredin a'r priffyrdd, yn lle'r holl chwareuon a'r oferedd arferedig yn y wlad ym mhob man yn eu dyddiau.

Y brodyr yn y Bala a gymerasant dan amod-weithred, *lease*, dros flynyddoedd dŷ a elwir Pant-y-cra[68] ynghylch milltir o dref Dolgellau, i bregethu ynddo. Ar ddydd Saboth yr oedd un Mr Thomas Foulkes o'r Bala[69] wedi addo dyfod yno i gynghori. Taenodd y sŵn am hynny ar led. Pan ddaeth yr amser tyrrodd pobl y wlad a'r dref yno, yn bwgwth os doi efe yno y dienyddient ef, ac y claddent ef mewn pwll mawnog gerllaw. Pan glywodd rhai o'r cyfeillion am fwriad gwaedlyd y dorf fileinig aethant i gyfarfod y gŵr ac a'i hataliasant rhag dyfod yno. Pan siomwyd yr erlidwyr drwy hyn rhuthrasant ar y tŷ a thynasant ddarn ohono i lawr. Ond wedi hynny, yn ofni cael drwg, mewn amser hwy a'i hatgyweiriasant drachefn. Daeth cynghori iddo eilwaith. Ac o fesur ychydig ac ychydig anturiwyd pregethu yn y dref.

Un diwrnod yr oedd tri gŵr o'r Deheudir yn pregethu yno. Cynhyrfodd yr holl dref yn unfryd i erlid. Cadwasant y ddwy bont yn nau ben i'r dref[70] fel na chaent fynd allan ohoni heb eu baeddu os nad eu lladd ganddynt. Y cyfeillion a gymerasant y ceffylau ac a aethant ymlaen. Y lleill o'r brodyr a ddygasant y pregethwyr ar eu traed trwy'r afon uwchlaw'r bont, ac felly y dihangasant y tro hwnnw yn ddiogel, oddi eithr un o'r cyfeillion yr hwn a gafodd ddyrnod â charreg ar ei ben nes y syrthiodd i lawr, ac ar hynny ffodd yr erlidwyr gan dybied eu bod wedi'i ladd.

Dro arall daeth un o ganlynwyr Mr Howel Harris o Drefeca yno ac a ryfygodd bregethu ar gyhoedd y farchnad. Ond bu dda ganddo gipio'i geffyl a ffoi gyda phrysurdeb. Cododd yr holl erlidwyr ar ei ôl, a mynnent, gan gymaint eu llid a'u cynddaredd, ei ddryllio yn dipiau. Daeth un gŵr â thryfer[71] yn ei law ar fedr ei redeg ef â honno. Yr oedd llidiart o'i flaen, a daeth gwraig y gŵr oedd â'r dryfer yn ei law ac a'i hagorodd iddo, ac felly trwy ddiogelwch yr Arglwydd arno y dihangodd y tro hwnnw a'i fywyd yn ysglyfaeth ganddo.

SCRUTATOR: Ymddengys fod gelyniaeth a chreulondeb yr erlidwyr yn fawr. Pa fodd yr oedd y ddiadell fechan o grefyddwyr oedd yno'n cael eu cynnal?

SENEX: Yn rhyfedd iawn. Yr oedd gradd o ysbryd yr hen ferthyron yn cael ei roddi iddynt ar achlysuron i sefyll dros yr efengyl yn wyneb y peryglon mwyaf. Yn brawf o hyn adroddaf i chwi'r digwyddiad gwir canlynol: Yr oedd un o'r brodyr yn pregethu yno ar ryw dro. Daeth yr erlidwyr yn gynddeiriog â cherrig yn eu dwylo ar fedr llabyddio'r pregethwr. Neidiodd gwraig i fyny ac a safodd o'i flaen.[72] Parodd iddo ef fynd ym mlaen â'i bregeth, gan sicrhau iddo na ddoi un garreg i'w niweidio ef heb ddyfod trwyddi hi'n gyntaf. Ei gwroldeb a ddirymodd yr erlidwyr yn y fan, a chafodd y gŵr orffen ei bregeth.

SCRUTATOR: Cof gennyf finnau fy mod yn yr ardaloedd hynny yn pregethu allan un waith. Wedi dechrau pregethu canfyddwn ryw nifer o'r teulu erledigaethus hyn yn nesau ataf â thywarch neu gerrig yn eu dwylo ar fedr eu taflu ataf. Pan ganfu un o'r dyrfa hyn, gŵr tal corffol, neidiodd i fyny a safodd rhyngof a'r perygl, a pharodd imi draethu yr hyn oedd gennyf i'w draethu i'r bobl yn ddibryder. Diolch yn fawr i chwi am eich cymdeithas ac am eich hanesion difyr a buddiol. Gobeithio y cawn hamdden eto'n fuan, ac y rhoddwch i mi ychwaneg o hysbysrwydd am y pethau gynt a'r dull yr ymwelodd yr Arglwydd â'n gwlad.

Cyflwr trigolion y wlad

SENEX: Y mae'r wlad wedi'i chyfnewid yn rhyfedd wrth y peth ydoedd. Y mae gwybodaeth wedi cynyddu llawer, ac eto y mae lle i gynnydd llawer mwy. Taer ddymunaf arnoch chwi ac eraill sydd â gallu gennych i lafurio'n ffyddlon i daenu ym mhlith y werin gyffredin wybodaeth o bethau buddiol ac angenrheidiol er iachawdwriaeth pechaduriaid. Y mae llawer yn y wlad eto mor dywyll am bethau Duw â phe buasai heb un Beibl yn y wlad. Pan feddyliwyf fod gan y trueiniaid hyn eneidiau i bara byth byddaf yn teimlo gofid dirfawr wrth feddwl am eu cyflyrau. Y mae ein gwlad yn frith o ddynion wedi penllwydo mewn anwybodaeth ac ar fin y bedd, ac nid oes ond gobaith gwan o lwyddo gyda hwynt.

SCRUTATOR: Da gennyf wrando eich cynghorion: gresynus iawn yw meddwl am gyflyrau dynion yn gyffredin. Mae'r ystyriaeth o hyn yn peri i minnau riddfan ac wylo yn aml. Byddai'n esmwythder i mi pe gallwn gredu na feddent eneidiau. Yr ystyriaeth o fod ganddynt eneidiau anfarwol sydd yn fy llenwi â dychryn a galar wrth weld pa mor anystyriol ydynt o hynny.

Anwybodaeth ddirfawr

Cyfarfûm yn ddiweddar yn fy nheithiau â hen ŵr penwyn. Gofynnais iddo beth oedd ei oed. Atebodd, 'Rhwng pedwar ugain a chant yn rhywle.' Gofynnais drachefn iddo, 'Beth yr ydych yn ei feddwl a ddaw ohonoch?' Atebodd yntau, 'Tebyg gennyf y byddaf farw ysywaeth.' Gofynnais, 'A allwch chwi ddarllen?' 'Na allaf i.' 'A wyddoch chwi y ffordd i'r nefoedd?' Atebodd na wyddai ef. 'Pa fodd y gellwch chwi fynd yno os na wyddoch y ffordd yno?' Ni wyddai efe ddim. Gofynnodd, 'Ai Mr Charles[73] ydych chwi?' Atebais fod dynion yn fy ngalw felly. Wedi rhoddi iddo anrheg dymunais arno erfyn ar rywun ddarllen iddo adnod neu ddwy o'r Beibl bob dydd tra byddai byw, ac am iddo ymgais dal yn ei gof ambell i adnod os gallai.

SENEX: Rhoddasoch iddo gyngor da. A fyddwch chwi yn eich teithiau'n cyfarfod yn aml â hen bobl mor anwybodus â hyn?

SCRUTATOR: Byddaf yn rhy aml o lawer, ysywaeth. Fy meddwl yw fod y rhan amlaf o lawer o hen bobl yn ein gwlad yn o gyffelyb. Byddaf yn fynych yn holi y rhai a gyfarfyddaf i'r diben i wybod ansawdd trigolion y wlad. Anwybodaeth ddirfawr fyddaf yn ei gael yn y cyffredinolrwydd o drigain mlwydd ac uchod. A pheth sydd fwyaf gofidus o'r cwbl, nid gwiw ceisio gan rai ymdrechu dysgu darllen, er bod cyfleustra i ddysgu mor aml yn awr. Anodd cael gan ddynion gredu fod anwybodaeth yn sicr o ddifetha'u heneidiau oni chânt eu gwaredu ohoni. Byddwch wych!

YMDDIDDAN 3

Rhagfyr 1810

Unigrwydd byddardod

SCRUTATOR: Wel, fy hen gyfaill, pa fodd y mae arnoch? Y mae'r dyddiau blin wedi'ch goddiwes,[74] a'r blynyddoedd nad oes dim diddanwch ynddynt ond a geir oddi uchod.

SENEX: Diolch i chwi. Yr ydwyf yn o debyg fel yr oeddwn pan welais chwi o'r blaen, ond bod y cnawd a'r galon yn pallu fwyfwy fel yr wyf yn heneiddio. Y mae gennyf lawer o achos bod yn ddiolchgar. Yr wyf yn gallu mynd a dod ac yn rhydd oddi wrth boen. Y mae'r ysgyfaint yn ddrwg, yr anadl yn fyr, y pen yn ysgafn weithiau, a'r cysgu'n fwy anfynych ac anesmwyth. Y mae darluniad y Gair yn wir am bob peth: fel y dywed y Pregethwr, nid oes i mi nemor o ddiddanwch. Bu hyfryd gennyf cyn hyn yn aml gyfeillach fy nghyfeillion a gwrando'r Gair. Ond yn awr y mae hynny wedi pallu. Y mae fy nghlustiau'n drwm fel na allaf yn awr fwynhau'r cysur a'r adeiladaeth y byddwn yn ei gael trwy wrando ac ymddiddan buddiol. Gallaf ddweud gyda'r Salmydd, 'Pallodd fy nghnawd a'm calon,' ac nid ydwyf heb obaith fel yntau mai 'nerth fy nghalon a'm rhan yw Duw yn dragywydd.'

SCRUTATOR: Os felly, nid oes achos cwyno llawer. Os yw Duw'n nerth i chwi, y mae Efe'n anfeidrol well na nerth natur pan oedd ar y gorau. Ac os ydyw Efe'n rhan i chwi, ni bydd i chwi nemor golled o fynd yn gwbl o'r byd hwn, i fwynhau'ch rhan yn fwy cyflawn mewn gwlad â'i hinsawdd a'i hamgylchiadau'n anfeidrol well na'r byd hwn yn ei wychder mwyaf, ie, nag Eden yn ei holl gyflawnder o hyfrydwch. Nid oedd hyfrydwch Eden ond daearol, ond gwlad nefol yr ydym ni yn disgwyl amdani'n gartrefle byth i ni.

SENEX: Cwyno? Nac oes, dim achos cwyno, ond arnaf fy hun a'r galon front sy'n fy mynwes. Corff y farwolaeth, hwn sydd ffiaidd gennyf ac sy'n peri i mi riddfan yn feunyddiol o'i herwydd. Hiraethu yr ydwyf weithiau am weld yr Arglwydd Iesu megis ag y mae, a bod yn gyffelyb iddo. Digonir finnau, gyda'r Salmydd pan ddihunwyf â'i ddelw ef, ac nid cyn hynny.

Dawn y Diwygwyr

SCRUTATOR: Rhyw ryfedd ras oedd i chwi a minnau glywed erioed sôn amdano. Cawsom y fraint o oesi yn yr amser mwyaf llewyrchus a fu erioed ar Gymru. Hir y parhao'r dydd llewyrchus hwn a wawriodd ar ein gwlad!

SENEX: Chwi a ryfeddech ac a ddiolchech fwy pe gwybuasech y fath gaddug o dywyllwch dudew oedd yn gorchuddio'r wlad pan ddeuthum i gyntaf i wladychu yma. 'Yr oedd y pen oll,' sef y penaethiaid, 'yn glwyfus, a'r holl galon,' sef y bobl gyffredin, 'yn llesg,' heb neb yn adnabod nac yn ceisio'r Arglwydd, ond pob anfoesoldeb a gwagedd yn cael eu dilyn yn egnïol. Hoff iawn gennyf feddwl am y cenhadon a anfonodd Duw i ddeffro ac i ddiwygio'r wlad ar y cyntaf. Y mae helaethrwydd doniau yn y dyddiau hyn, a'r athrawiaeth yn olau, yn gyson, ac yn felys iawn. Ond diwygwyr oedd y rhai cyntaf, ac yr oedd min ac awdurdod diwygwyr yn yr athrawiaeth gyda hwynt yn effeithio'n rhyfedd ar yr ychydig a fyddai'n eu gwrando.

SCRUTATOR: Gobeithiaf y cwyd yr Arglwydd ac y ceidw ddiwygwyr yn ei eglwys o oes i oes, ac onide, yn fuan y dirywia.

Dechreuad Methodistiaeth Abermaw

Ceisiwch atgofio ychydig ychwaneg o hanes taeniad yr efengyl yn ein gwlad.

SENEX: Y mae fy nghof, fel popeth arall, yn pallu, ac onide, gallaswn roddi i chwi hanes lled fanwl am hynny ym mhob ardal trwy Sir Feirionnydd a rhai parthau eraill o'n gwlad. Hysbysais i chwi am hanes dechreuad crefydd yn Nolgellau o'r blaen. Rhoddaf yn awr ychydig hanes am Abermaw. Ynghylch y flwyddyn 1767 daeth un Henry Richard,[75] gŵr o Sir Benfro, i gadw ysgol rad Mrs Bevan,[76] fel y galwent hi, i blwyf Llanaber, ond ni chafodd aros yno ond ychydig amser oherwydd ei grefydd ac y bernid ef yn tueddu at Fethodistiaeth.

Y rhai cyntaf yr ymwelodd yr Arglwydd â'u meddwl yn Abermaw oedd teulu Robert Griffith, yn gyntaf â'i wraig,[77] wedi hynny â'u mab, Hugh Griffith, ac â'i dad Robert Griffith, yr hwn oedd ŵr siriol, tirion, ac yn ôl pob tebygolrwydd, yn ŵr duwiol cyn ei farw, yr hyn a ddigwyddodd yn 1775. Yr oedd iddynt ferch fechan hefyd â rhyw arwyddion neilltuol o dduwioldeb ynddi yn ei mabandod. Bu farw'n naw oed yn 1781 a'i meddwl yn gysurus, gan lawenhau yn yr Arglwydd.

Hugh Griffith

Eu mab Hugh a fu yn yr ysgol gydag Henry Richard dros yr ychydig amser y goddefwyd ef yno, a glynodd ei gynghorion dwys a'r addysgiadau addas a gafodd yn hynod yn ei feddwl, ac ymddangosodd arwyddion neilltuol o dduwioldeb ynddo tra bu byw. Er mai bachgennyn ieuanc oedd, eto, yn ei symlrwydd, ei ddeall, ei brofiad a'i ofal am achos yr efengyl, yr oedd yn hynafgwr. Yr oedd yn llafurus iawn am gael pregethu'r efengyl i'r lle. Teithiai'n aml lawer o filltiroedd i Langeitho neu rywle arall i gymell pregethwyr i ddyfod yno.

Yr oedd ei holl ymddygiad yn syml ac yn sobr, a'i ymddiddanion yn ddifrifol ac am bethau ysbrydol. Byddai'n cadw cyfarfodydd i weddïo gyda'r ychydig a fyddai yno'n caru'r cyfryw waith, yn ymddiddan â hwynt yn achos eu heneidiau, ac yn eu cynghori'n ddwys ac yn ddifrifol, yn ôl y doniau bychain oedd ganddo. Ei ffyddlondeb a'i ddifrifwch oedd fawr ac yn siampl hynod i eraill i'w dilyn. Yr oedd yn un prawf nodedig o'r buddioldeb o hyfforddi plentyn ym mhen ei ffordd tra byddo'n ieuanc, ac mae'n ddangosiad neilltuol o'r perygl a'r pechod mawr o esgeuluso hynny. Trwy drugaredd, y mae'r arfer fuddiol hon wedi'i chodi ar ei thraed yn lled gyffredin yn bresennol trwy'n gwlad trwy'r Ysgolion Sabothol. Gobeithiaf yr anogwch chwi a'ch brodyr yn egnïol ac yn ddyfal i godi i fyny a dwyn ymlaen y sefydliadau buddiol hyn trwy bob parth o'r wlad.

Achos yr Arglwydd oedd gofal pennaf y bachgennyn hwn yn ei holl fywyd, felly yr oedd hefyd ar ei wely angau. Yr oedd yn ei ddyddiau diwethaf yn trefnu gyda'i fam pa fodd orau i ddwyn yr achos ymlaen, a gadawodd yr hyn oedd ganddo o arian (yr oedd ganddo ychydig bunnau) ag ewyllys arnynt, tuag at adeiladu capel yn y dref, yr hyn a wnaed ychydig flynyddoedd wedi iddo farw. Bu farw yn 1776, yn y 15fed flwyddyn o'i oed. Fel hyn yr oedd y dechreuad yno, fel yn llawer man arall, yn fychan iawn a'i offerynnau'n wael a'r gwrthwynebiadau'n fawrion. Eto, yr achos, er y pethau hyn oll, yn llwyddo.

Pregethu cynnar Abermaw

SCRUTATOR: A fu llawer o wrthwynebiad i bregethu'r efengyl yn Abermaw?

SENEX: Do. Bu yno gryn wrthwynebiad, ond dim llawer o erlid. Cafodd un llefarwr ei rwystro i bregethu, yr wyf yn meddwl, trwy derfysg a chythrwfl.[78]

SCRUTATOR: Pwy fu yno'n pregethu gyntaf, os gwyddoch?

SENEX: Nid wyf yn cofio'n neilltuol o fanwl am hynny. Byddai brodyr Mrs Griffith, tri o offeiriaid duwiol, yn dyfod yno ar amserau. Tra arhosent byddai gweddi deuluaidd yn cael ei chadw hwyr a bore, a byddai amryw o'r cymdogion yn dyfod yno i wrando'r Gair yn cael ei ddarllen a'i egluro, ac i ymuno mewn gweddi. Am eu bod yn wŷr eglwysig ac o ddygiad rheolaidd i fyny, haws fyddai gan bawb ddyfod i wrando arnynt hwy nag ar y gwŷr diurddau.

Byddai Mr Benjamin Evans, gweinidog yr Ymneilltuwyr yn Llanuwchllyn, yn dyfod i bregethu yn lled agos i'r dref yn aml yn y dyddiau hynny. Byddai brodyr crefyddol o Sir Gaernarfon ar eu teithiau yn lletya yno weithiau, ac yn arfer darllen a gweddïo yn y tai lle byddent yn cysgu. Bu hynny yn foddion bendithiol ac ydynt yn anogaethol i bawb ddilyn yr un siampl lle bynnag y byddont yn digwydd bod.

William Evans o'r Fedw Arian,[79] Mr John Harri o'r Deheudir, John Pierce,[80] a Robert Jones o Ros-lan[81] y pryd hwnnw, oeddent gyda'r rhai cyntaf a fu'n pregethu yno. Hyd yr wyf fi'n cofio, bu William Evans a Robert Jones mor ffyddlon a llafurus â neb yn eu hymdrechion i bregethu mewn lleoedd tywyll annuwiol ym mhen uchaf y sir hon. Gwŷr oeddynt wedi'u cynysgaeddu â doniau derbyniol gan wlad i'w gwrando, a thra defnyddiol er llesâd i eneidiau dynion tywyll ac anystyriol.

Fel hyn, o fesur ychydig ac ychydig, yr aeth y gwaith rhagddo'n raddol, heb ddim tywalltiadau neilltuol fel gwynt nerthol yn rhuthro nac yn Nolgellau na'r Abermaw. Bu yma yn y Bala, ar amryw dymhorau, ddiwygiadau hynod a chyffredinol trwy ddylanwadau rhyfedd ac awelon nerthol fel mewn rhai mannau eraill o Gymru, ond nid felly y dygwyd y gwaith ymlaen hyd yn hyn yn y lleoedd rhagddywededig. Ond rhaid i mi fynd. Y mae'r gwaith yn galw. Byddwch wych!

SCRUTATOR: Diolch yn fawr i chwi. Ni ellwch weithio llawer yn 87 oed!

SCRUTATOR: Wele, fy hen gyfaill, a fynegwch i mi ychydig eto am ddull y dyddiau gynt, dull yr oes o'r blaen, am agwedd crefydd yn ein gwlad, a'r dull a'r modd y cynyddodd yn ein plith?

Efengylu: ymdrech bersonol

SENEX: Byddai dda gennyf eich bodloni am hynny trwy fynegi i chwi yr hyn oll a wn i amdano ac oeddwn yn dyst ohono. Yr oedd y dechreuad ym mhob man yn fychan ac yn wan, yr offerynnau'n wael ac yn dlodion, heb ddim dysg ac ond ychydig ddoniau, ond yr oedd eu symlrwydd, eu diwydrwydd a'u ffyddlondeb yn fawr. Yr oeddent yn goddef llawer ym mhob ffordd, ond er hynny, yr oeddent yn siriol iawn wrth y grefydd, ac am wneud eu hunain yn bob peth i bawb er mwyn ennill rhai. Pan gaent bregethwyr i bregethu Gair Duw yn bur ac yn iachus iddynt, yr hyn oedd ond yn anaml, byddent yn gwerthfawrogi hynny'n fawr.

Byddent yn ddyfal yn mynd i'r llannau bob Saboth ac yn ymgymysgu â'r dyrfa wrth fynd a dod o'r llannau, yn dirion ac yn gyfeillgar, i'r diben o ymddiddan â hwynt ynghylch pethau Duw. Sylwent ar y Salmau neu un o'r llithoedd gosodedig i'w darllen yn y gwasanaeth y dydd hwnnw, neu ar y testun os na allent gymeradwyo'r bregeth. Yn llawer o barthau o'r wlad nid oedd yn arferedig pregethu ond yn anaml, tri neu bedwar Saboth, ond odid, yn y flwyddyn. Arferent y doniau oedd ganddynt yn ddiwyd i wneud llesâd i eneidiau'u cyd-bechaduriaid.

Griffith Edwards

Yr wyf yn cofio am un ffermwr bychan, Griffith Edwards,[82] chwi a'i hadwaenoch, tebygol, yr hwn a gafodd ei gymell pan oedd yn aredig ar y maes i fynd ugain milltir o ffordd i geisio gan bregethwr i ddyfod y Saboth canlynol i'w ardal i bregethu. Gollyngodd y wedd yn y fan a chychwynnodd i'w daith ar ei draed. Cafodd y pregethwr gartref, a thrwy daer ymbil ag ef cydsyniodd i ddyfod yn ôl ei ddymuniad. Daeth yn ganlynol erbyn bod y bobl yn dyfod o'r llan. Safodd ar ryw dwmpath yn agos i'r ffordd yr oeddent yn mynd i'w cartrefi i gynghori ychydig arnynt. Safodd llawer i wrando arno, a dwysbigwyd rhai dan y bregeth honno ag sy'n glynu wrth grefydd yn ffyddlon hyd heddiw.

SCRUTATOR: Adwaenwn y gŵr yn dda. Cafodd gymorth i barhau hyd y diwedd yn yr un symlrwydd duwiol. Nid oes llawer er pan orffennodd ei yrfa. Yr wyf yn cael fy llonni gan eich hanes. Y mae'r olwg wacsaw ac anystyriol sydd ar gynulleidfaoedd yn bresennol yn mynd o'r addoliad yn dra ffiaidd a galarus i edrych arnynt. Y mae'n eglur wrth agwedd y bobl fod yr adar yn cipio'r had da, ac nad oes dim o ôl y Gair i'w weled. Yn anystyriol ac yn iach eu meddwl, nid oes ganddynt nemor ofal am eu cyflyrau eu hunain na chyflyrau eraill yn ganlynol. Ond er hynny, nid felly y mae pawb. Ewch rhagoch.

Evan Moses

SENEX: Yn y dyddiau boreol hynny nid oedd ond ychydig yn gwrando, a'r rhan fwyaf ohonynt oeddent ddynion syml a than wasgfa ddwys am eu cyflyrau'u hunain, a chyflyrau'u cymdogion hefyd. Yr oedd yn byw yma, cyn eich amser chwi, ŵr gyda'r hynotaf a welais erioed yn y byd. Cyn i'r Arglwydd yn ei drugaredd ymweld ag ef yr oedd yn ddyn hynod o wacsaw a masweddgar, ond wedi hynny, cyfnewidiad neilltuol a gymerodd le yn holl agwedd ei ysbryd a'i fuchedd. Ni welodd neb ef wedi hynny yn ysgafn nac mewn natur ddrwg, ac ni chlywodd neb ef yn dweud gair segur. Gof ydoedd wrth ei alwedigaeth. Ei enw oedd Evan Moses.[83]

Byddai â'i bin ac inc a phapur yn ei ymyl bob amser yn yr efail i ysgrifennu emynau a gyfansoddai wrth guro'r haearn, neu ryw beth arall a ddoi i'w feddwl. Yr oedd ei symlrwydd yn nodedig iawn, ac yn argyhoeddiad i bawb a ddoi ato â'u gwaith.

Dechreuodd gynghori cyn ei farw. Cyhoeddodd ei hun i gadw oedfa am bump o'r gloch y bore, bob bore tra byddai byw. Cadwodd at hynny ei hun er bod ei gynulleidfa ond bechan yn aml. Galwai'n aml dan ffenestri'i gyfeillion, 'Codwch, frodyr, at yr Arglwydd, a pheidiwch â gwrando ar y cnawd.' Ni ddiffygiodd nes gorffen ei yrfa, yr hyn a wnaeth gyda diddanwch a llawenydd. Ymwelais ag ef ar ei wely angau ac yr oedd yr olwg arno'n siriol iawn. A gwên ar ei wyneb, dywedai, 'Cefais y blaen arnoch i gyd, frodyr.'

YMDDIDDAN 5

Medi 1812

Cynhaliaeth mewn henaint

SCRUTATOR: Dydd da i chwi, fy hen gyfaill! Da gennyf eich cyfarch unwaith eto. Gobeithiaf, er eich bod yn heneiddio, eich bod yn gysurus yn eich meddwl, ac yn symol ddiboen yn eich corff.

SENEX: Diolch i chwi am eich cyfarchiad caredig. Y mae gennyf lawer o achos diolch i'r Arglwydd am ei ddaioni: nid yw'n fy ngadael heb radd o obaith da trwy ras, ac y mae gradd o iechyd cymesur yn cael ei estyn ag ystyried fy oedran, yn agos pedwar ugain a deg oed. Eto, yr wyf yn brofiadol o wirionedd yr hen ddihareb, *Aeddfed angau i hen.*

Nesau i ben f'einioes beunydd,
Heb wybod darfod bob dydd.

Fy ngweddi at Dduw yw beunydd gyda Dafydd, 'Na fwrw fi ymaith yn amser henaint: na wrthod fi pan ballo fy nerth....Am dy iachawdwriaeth di y disgwyliais, Arglwydd.'

Dechreuad Methodistiaeth ym Môn

SCRUTATOR: Gallaf feddwl yn hawdd fod eich cof yn amharu fel yr ydych yn heneiddio, eto, hwyrach y gellwch adrodd i mi ychydig am helynt ein gwlad mewn perthynas i'w hagwedd grefyddol, a thaeniad crefydd ym mhlith ei thrigolion. Chwi a adroddasoch ychydig am Sir Feirionnydd. A ydych yn cofio dim am helynt Môn ac Arfon?

SENEX: Cyn 1730 yr oedd holl wlad Môn o un grefydd. Nid oedd yno ddim pleidiau ond pawb yn cyrchu i eglwys ei blwyf yn o ddyfal, ac yr oeddent yn rhagori yn hyn ar drigolion llawer o barthau Cymru. Ond yr oeddent yn gyffredin trwy'r wlad yn dra thywyll, anystyriol ac ofergoelus, a sŵn mawr yn eu plith am y Tylwyth Teg. Byddai sôn mawr am bregeth yn y llan os digwyddai i hynny fod gan mor anaml y byddai'r offeiriaid yn pregethu. Yr oedd pawb, ysywaeth, yn o ddigyffro am achos eu heneidiau gyda dim difrifwch, gan farnu fod pob peth yn dda, ond cael *cred a bedydd,* fel y dywedent.

Meibion y Tŷ Gwyn

SCRUTATOR: Pa fodd y dechreuodd dim cyffro'n rhagor i gymryd lle yn neb o'i thrigolion anystyriol?

SENEX: Yng nghylch y flwyddyn 1730, hyd yr wyf yn cofio y clywais, y dechreuodd Duw gynhyrfu ychydig ar feddyliau meibion Thomas Pritchard o'r Tŷ Gwyn[84] yn agos i Langefni, i ddal ar yr hyn a lefarodd Duw wrthynt yn ei Air. Galwyd eu sylw at Air Duw heb ddim pregethau na siamplau duwiolion, ond yn unig ddarllen yr Ysgrythurau ac ychydig o lyfrau gwŷr duwiol a gaent afael ynddynt, (y rhai oeddent yn bur anaml y dyddiau hynny yn ein gwlad). Anaml y medrai neb o'r werin gyffredin ddarllen yn Ynys Môn y dyddiau hynny.

Y gwŷr hyn, wedi cynhyrfu ychydig ar eu meddyliau'u hunain, a ddechreuasant trwy ymddiddanion aflonyddu eraill trwy ddangos iddynt nad oedd eu cyflyrau'n dda erbyn mynd i fyd ar ôl hwn heb iddynt gael edifeirwch a dychwelyd at yr Arglwydd. Nid oedd eu goleuni ond bychan a'u doniau'n fychain hefyd i osod allan yn addas ac yn gyson yr hyn a wyddent, ond eto, effeithiodd eu hymadroddion ar rai.

Enwau'r gwŷr ieuaninc hyn oedd Howel Thomas,[85] Harry Thomas[86] a Thomas Thomas.[87] Bu Howel Thomas byw ar ei dir ei hun, Trefollwyn. Cofrestrodd, neu *recordiodd*, fel y dywedir yn gyffredin, ei dŷ i bregethu ynddo, a bu pregethu ynddo tra bu ef byw. Harry Thomas a fu byw ym Mwlch y Fen. Gwnaeth yntau yr un peth â'i dŷ. Yr oedd pregethu yn y ddau dŷ ar y Sabothau, un yn y bore ac yn y llall y prynhawn. Thomas Thomas a fu byw ym Mhen yr Allt ym mhlwyf yr Hen Eglwys, a bu pregethu yn ei dŷ yntau tra y bu byw. Yr oedd chwaer[88] i'r gwŷr duwiol hyn a gafodd yr unrhyw werthfawr ffydd â hwythau ac a adawodd dystiolaeth dda ar ei hôl yn ei bywyd a'i marwolaeth. Bu farw o'u blaen hwy.

Harry Thomas a gyfeillachodd â William Thomas Owen[89] a'i deulu yr hwn oedd yn byw yn y Fagwyr ym mhlwyf Llanddyfnan, a bu o fendith i'r teulu. Bu William Thomas Owen wedi hynny'n byw yn y Tŷ Mawr, Llantrisant, efe a'i fab ar ei ôl, a derbyniasant bregethwyr i'w tŷ. Symudodd Thomas William[90] ei fab o'r Tŷ Mawr i Bentref y Bwâu yn Llandrygan. Derbyniodd bregethu i'w dŷ yno hefyd, ac y mae eglwys flodeuog yno o hynny hyd yn hyn. Yr oedd ei wraig, Elin Dreias,[91] fel yntau yn weinidoges ffyddlon i'r eglwys, ac yng Nghaergeiliog wedi hynny, lle y symudasant iddo yn niwedd eu hoes ac y buont feirw eu dau. Bu, trwy ei ffyddlondeb anghyffredin a'i bywiogrwydd, yn fendith i lawer. Ymadawodd mewn tangnefedd.

SCRUTATOR: Bychan oedd y dechreuad a mawr y cynnydd wedi hynny. Y mae coffadwriaeth am y pethau hyn yn fuddiol i ddangos gogoniant yr Arglwydd yn y dull y mae'n dwyn ei waith ymlaen, ac fel y byddai eu ffyddlondeb hwy, yn wyneb llawer o wrthwynebwyr a digalondid, yn anogaeth i eraill ar eu hôl i ddilyn eu siampl. Ewch rhagoch.

William Prichard

SENEX: Yng nghylch yr amser hwn gyrrwyd gŵr o Lasfryn Fawr, Llangybi, Eifionydd, o achos ei grefydd, i Fôn i wladychu. Ei enw oedd William Prichard.[92] Cafodd le i drigo ynddo ym Mhlas Pen Mynydd. Pan ddaeth yno cododd allor i'r Arglwydd, fel yr hen Batrieirch gynt, ac a alwodd ar enw yr Arglwydd Dduw. Pan glywodd eraill sôn amdano daethant yn fuan i ymweld ag ef, ac efe a fu'n offerynnol i 'agor iddynt ffordd Duw yn fanylach.' Yr oedd yn ŵr o gyneddfau cryfion, ac o ddeall mawr yn yr Ysgrythurau, ac o brofiad helaeth o weithrediadau gras ar ei galon. Yn hyn yr oedd yn rhagori llawer ar y rhai oedd wedi cael eu deffro i geisio'r Arglwydd ym Môn. Yr oedd yn cadw addoliad Duw yn rheolaidd iawn yn ei deulu a derbyniodd bregethu i'w dŷ. Gwnaeth hyn gynnwrf mawr yn yr ardal honno: nid oedd neb ar y cyntaf a fedrai wybod beth yr oedd y siaradwyr yn ei geisio.

Haeriadau a chableddau

Rhai a haerent mai dynion gwallgof oeddent a'u bod yn gyrru eraill yn wallgof, ac oherwydd hynny anogent ei gilydd i beidio mynd yn agos atynt. Rhai a dybient eu hunain yn ddoethach nag eraill a aethant i chwilio'r Ysgrythurau a oedd dim sôn am y fath bobl yno. Yn fuan y canfuasant (i'w tyb hwy) mai hwy oedd y gau-broffwydi y rhagfynegir amdanynt a ddeuent yng ngwisgoedd defaid, er mai bleiddiaid rheibus oeddent.

Cymhwyswyd (gan y gwŷr eglwysig) yr holl Ysgrythurau am au-athrawon a gau-broffwydi atynt hwy, ac a'u cablent yn dost. Ond y farn fwyaf sefydlog oedd mai dynion o ochr Cromwell oeddent, pan oedd ef yn llywodraethu. Yn ganlynol, galwent hwynt y Pennau Crynion, *Round Heads*. Yna casglasant mai'r un diben oedd ganddynt yn eu golwg yn awr â'r pryd hwnnw, a'u bod am ddymchwelyd yr eglwys sefydledig a throi'r offeiriaid o'u swyddi. Llawer o gelwyddau digywilydd a daenwyd trwy'r wlad arnynt. Dywedent fod yr ysbryd drwg mewn dull gweledig yn eu cyfarfodydd, weithiau fel ebol bach neu fel gafr, ac amryw ddull arall yn ôl ei ewyllys. Haerent hefyd eu bod yn llygad-dynnu pawb a ddôi atynt, fel os dôi un ar ddamwain i'w gwrando, er mor sicr yn y ffydd y bedyddiwyd ef, y byddai mewn perygl o gael ei droi o'r ffydd a gwadu'i fedydd, yr hyn oedd yn cael ei gyfrif yn bechod mawr iawn.

Yr oedd aml un oedd yn dyfod i'r bregeth i wawdio a dirmygu yn cael eu hargyhoeddi.[93] Ar hynny ymroent â'u holl egni gyda'r dyfalrwydd mwyaf i ddysgu darllen, a dysgent yn gynt na phobl ieuanc eraill mewn ysgol. Ar hyn haerent yn ddilys fod cyfrinach rhyngddynt a'r ysbryd drwg. Yr oedd bai arall echryslon yn cael ei daeru'n eu herbyn, sef bod yn eu plith odineb, a'r cyfryw na enwer unwaith ym mysg y cenhedloedd. Galwent eu cyfarfodydd neilltuol *Y weddi dywyll*. Hyn oedd yn cael ei daenu ar led trwy'r wlad ac yn cael ei gredu'n ddilys gan lawer, ac yn cael ei edliw iddynt hwythau'n aml yn ddigywilydd.

Ffynhonnell y Celwyddau

SCRUTATOR: Hen gabledd y paganiaid yn erbyn y prif Gristnogion yw hwn. Oherwydd eu bod yn gorfod cyfarfod â'i gilydd yn y nos rhag ofn yr erlidwyr paganaidd, dywedent eu bod yn euog o bob ddrwg-foesau ym mhlith ei gilydd, yn diffodd canhwyllau, ac yn euog o buteindra, godineb ac ymlosgach, a'u bod yn lladd eu plant, yn ymborthi ar gnawd dynion, yn bradfwriadu gwrthryfel yn erbyn llywodraethau, Fox's *Martyr.*, Vol. I. p. 41. Yr un yw'r diafol eto, ac mor ddigywilydd a chelwyddog ag erioed.

SENEX: Dechreuwyd pregethu'n eu herbyn a'u galw'n hudolion[94] a gauathrawon, a dymuned[95] ar y bobl ymgadw rhagddynt rhag cael eu twyllo ganddynt a gwyro ar ôl Satan, a chadw at y ffydd y bedwyddiwyd hwy ynddi. Llawer o droent eu bodiau yn eu talcennau i ymgroesi rhag y fath beth, fel y byddai'r arfer gyffredin yno pan ddigwyddai rhywbeth anghyffredin. Y prydyddion hefyd a ymroesant i ganu a gwneud anterliwtiau, *interludes*,[96] i'w goganu a'u gwaradwyddo. Un Mr Ellis, Ciwrad Caergybi,[97] a ddyfal bregethodd ac a ysgrifennodd yn eu herbyn. William Bwcle, Yswain, o'r Bryn Du[98] a ysgrifennodd ateb iddo. Fel hyn yr oedd y byd yn terfysgu ac yn gwrthwynebu, ond llwyddo a wnaeth y gwaith hyd yn hyn, a gobeithio mai llwyddo a wna tra byddo Ynys Môn yn sefyll yng nghanol y deifr.[99] Byddwch wych!

Effeithiau'r Diwygiad:

(1) Y Saboth

SCRUTATOR: Rhoddasoch i mi hanes hyfryd ac adeiladol am ddechreuad y diwygiad presennol. Y mae arnaf chwant i chwi adrodd ym mha bethau y mae'r wlad wedi diwygio yn ei harferion. A ydynt wedi diwygio yn eu dull o dreulio'r Saboth?

SENEX: Ydynt, ym Môn ac yn llawer o barthau eraill o'r wlad. Gynt treulient y Saboth yn llygredig iawn. Gwir eu bod yn mynd i'r llan yn y bore'n dorfeydd lluosog. Wedi darfod y gwasanaeth prysurai pawb adref fel pe buasent yn rhedeg i achub bywyd dyn. Ar ôl hynny tyrrent at ei gilydd i ymddifyrru mewn pob chwareyddiaethau, ac yn ymlafnio,[100] a channoedd yn edrych arnynt. Ar y dyddiau gwyliau a'r gwylmabsantau tyrrai miloedd at ei gilydd, gan ddechrau ar y Saboth. Byddai'r siopau i gyd yn agored, a gwerth llawer o bunnau'n cael eu gwerthu o eiddo. Yr amaethwyr a fyddent yn cyflogi eu gweinidogion. Y nos aent i'r tafarndai i yfed i ganu ac i ddawnsio, ac yn y diwedd yn curo ac yn labio'i[101] gilydd yn y modd creulonaf. Ond yn awr treulir y Sabothau, yr holl ddydd yn gyffredin, yn dilyn moddion gras, naill ai'n gwrando pregethau neu mewn cyfarfodydd gweddi neu yn yr Ysgolion Sabothol.

(2) Dysgu darllen

SCRUTATOR: A ydyw'r Ysgolion Sabothol yn llwyddo yn y wlad hon?

SENEX: Dywedant eu bod yn fawr, ac na bu erioed y fath ymdrech cyffredinol gan bawb i ddysgu darllen trwy'r holl wlad ag sydd yn y dyddiau hyn. Y mae llawer o gannoedd, o bob oedran, yn rhai ysgolion. Ni bu erioed gymaint o brynu ar syllwydrau, *spectacles*, ag sydd yn y wlad yn awr gan lawer o gannoedd o bobl o drigain i bedwar ugain oed, yn ymdrechu dysgu darllen, ac yn dysgu hefyd.

SCRUTATOR: A oes neb yn methu dysgu?

SENEX: Methu? Nac oes neb ag sydd yn ymdrechu'n ddifrifol â'i holl astudrwydd ac yn gweddïo am gymorth gan Dduw i hynny. Y maent yn dysgu o bob oedran, o bedair blwydd oed hyd yn bedwar ugain, a'r difyrrwch mwyaf yn y wlad y dyddiau hyn yw hynny. Hawdd dweud 'Nis gallaf, yr wyf yn methu.' Ond dweud anwiredd y maent: nid oes neb yn methu ag sy'n ymgais yn drwyadl. Os medrant gyfrif pedair ar hugain o ddimeiau i wneud swllt, paham na allant roddi cynifer â hynny o lythrennau at ei gilydd i wneud gair? Nid oes dim achos paham, ond bod eu calonnau'n fwy gyda'r naill na'r llall.

SCRUTATOR: A ydych chwi'n barnu ei fod o bwys mawr fod dynion yn medru darllen am fater tragwyddol eu heneidiau?

SENEX: Ydwyf yn ddilys. Os rhoddes Duw i ni lyfr i hysbysu i ni bob peth perthynol i iachawdwriaeth ein heneidiau, pa fodd y geill neb fod yn gadwedig heb wybod beth sydd yn gynwysedig yn y llyfr gwerthfawr hwnnw? A pha fodd y geill neb wybod beth sydd ynddo heb fedru'i ddarllen a'i chwilio'n ddyfal, yn ôl gorchymyn yr Arglwydd? Trwy wybodaeth o'r Ysgrythurau y mae'r Ysbryd Glân yn gweithredu ar galonnau dynion. Y mae Efe'n eu tywys i bob gwirionedd, a pha fodd y tywysa hwynt i wirionedd nas gwyddant amdano? A pha fodd y gallant wybod heb ddarllen Gair Duw?

SCRUTATOR: Nid oedd nemor yn y wlad yn gallu darllen, ynteu, yn eich dyddiau boreol chwi?

SENEX: Nac oedd, fel y mae'n alarus meddwl, ddim un o gant.

(3) Arferion priodas

SCRUTATOR: Os oedd y wlad mor dywyll, nid rhyfedd ei bod mor anfoesol. Y mae hyn yn ddiwygiad mawr ar eu dull o dreulio'r Saboth, a bydd ei effeithiau'n fendithiol iawn. Dull ac arferion trigolion gwlad ym mhob peth a ddengys ansawdd crefydd yn eu plith. Ewch rhagoch, a mynegwch i mi ym mhellach am eu dull yn priodi y dyddiau gynt.

SENEX: Byddent y pryd hwnnw yn cynnal eu priodasau ar y dydd Saboth. Byddai'r ferch yn aml iawn yn feichiog cyn mynd i'r llan.[102] Llawer o loddest, meddwdod a phob afreolaeth a fyddai'n mynd ymlaen ar y cyfryw amseroedd. Y maent yn bresennol wedi priodi yn y bore, yn mynd i'r capel nesaf atynt, a'r pregethwr yn pregethu gyda golwg neilltuol ar yr amgylchiad hwnnw, am ddyletswydd gwŷr a gwragedd tuag at ei gilydd yn ôl Gair Duw, pa fodd y dylent lywodraethu'r teulu, ac ymddwyn tuag at bawb o'r teulu fel rhai sydd i roddi cyfrif am hynny yn nydd mawr y farn, a rhodio ym mhob peth yn addas i'r efengyl sanctaidd.

SCRUTATOR: Y mae hon yn ddefod dda odiaeth, canys pa fodd y medrant gyflawni'u dyletswydd heb ei gwybod? Yr ydych yn dwyn i'm cof yr hyn a ddarllenais ers blynyddoedd am gyfraith yn un o'r *Cantons* yng ngwlad y Swistir, nad oedd neb o'r bobl ieuainc gael eu priodi heb gael eu holi'n gyntaf am eu gwybodaeth o egwyddorion a dyletswyddau crefyddol. Golwg erchyll iawn yw gweld dau ddyn ieuanc yn llawn o nwydau pechadurus yn mynd i gydfyw gyda'i gilydd heb wybodaeth, heb ras, heb rinwedd, heb ofn Duw, na meddwl pa fodd i ryngu'i fodd yn eu hystad briodasol. Ni eill eu teulu gael ymgeledd ysbrydol ganddynt, na'u maethu yn addysg ac athrawiaeth yr Arglwydd: Duw heb ei addoli na'i gydnabod mewn dim, ond pawb yn annog ei gilydd i bechu'n rhyfygus yn ei erbyn. Iechyd i chwi! Cymeraf y cyfleustra cyntaf i gael ychwaneg o hanes gennych.

SCRUTATOR: Dymunaf arnoch, fy hen gyfaill caredig, i hysbysu i mi ym mhellach am y diwygiad y soniasoch amdano. Ym mha bethau y mae'n gynwysedig?

SENEX: Y mae pob diwygiad gwirioneddol yn diwygio dyn ym mhob peth, sef agwedd ei ysbryd yn fewnol a'i fuchedd yn allanol. Y mae dyn yn llygredig yn gwbl, ac y mae Duw'r tangnefedd yn sancteiddio'n gwbl oll y rhai a fyddant gadwedig yn y diwedd, sef yr holl ddyn, yr ysbryd, yr enaid, a'r corff. Adwaenir diwygiad gwlad wrth ddiwygiad amlwg ym moesau'i thrigolion i gydymffurfio â rheolau Gair Duw, unig reol ein bucheddau ym mhob peth.

(4) Gwylnosau

SCRUTATOR: Mynegwch i mi ychydig ym mhellach am ddiwygiad yn arferion cyffredin y Cymry. Pa fodd yr oeddent yn cadw gwylnosau gynt?

SENEX: Yr oeddent yn hyn, fel ym mhob peth, yn gwbl llygredig. Ar ddyfodiad un i'r tŷ lle byddai'r corff marw, gostyngai ar ei liniau ar y ddaear fel pe buasai'n addoli'r corff marw. Tra byddai yn yr ystum hwn, yn aml, gafaelai un o'r cwmni yng ngwallt ei ben a'i lusgo ar hyd y llawr felly nes byddai'r holl dyrfa'n bresennol yn chwerthin yn ynfyd, er y byddai'r clochydd yn darllen gwasanaeth y claddedigaeth neu ryw rannau ohono.

Wedi darfod hynny byddai ganddynt bob math o chwareyddiaethau ynfyd ac anfoesol yn tueddu i dynnu o'r meddwl bob ystyriaeth am angau a barn. Yr wyf yn cofio i gorff marw gael ei ddwyn o'r tŷ gan ryw lanciau ynfyd er mwyn ychwaneg difyrrwch, y fath ag oedd, a mawr oedd y chwerthin a'r ymofyniad amdano nes ei gael. Dyma'r fath ynfydrwydd gresynus oedd y dyddiau hynny ar yr achlysuron mwyaf difrifol.

Ond yn bresennol[103] y maent yn cyfarfod gyda sobrwydd a difrifoldeb ar y cyfryw achlysuron i ddarllen Gair Duw, i weddïo, ac i gynghori'i gilydd mewn modd tebygol i alw'u hystyriaethau at bethau'r byd tragwyddol.

Lledaenu'r Diwygiad ym Môn:

(1) Richard Thomas

SCRUTATOR: Mynegasoch i mi o'r blaen pa fodd y dechreuodd pregethu ym Môn gan ddieithriaid o'r Deheudir.[104] A oedd neb o drigolion Môn wedi derbyn doniau i gynghori'i gilydd?

SENEX: Y cyntaf yn Sir Fôn oedd Richard Thomas,[105] cigydd, yn byw ym mhlwyf Llanfechell. Ffodd y gŵr hwn i'r Deheudir rhag ofn i'w echwynwyr[106] ei garcharu oherwydd iddo drwy'i afradlonrwydd fynd i ddyled llawer. Trwy drefn rhagluniaeth digwyddodd iddo gartrefu'n agos i fan lle'r oedd pregethu. Ar ryw Saboth aeth i wrando. Bu'r bregeth o fendith neilltuol iddo a chafodd ei argyhoeddi am ei anghyfiawnder. Penderfynodd aros yno nes ennill digon i dalu'i ddyled. Wedi casglu'r arian daeth adref ac a anfonodd arian i bawb i'w tai. Wedi hynny cyhoeddodd oedfeuon yn nhai'r gymdogaeth, a pharodd i'w onestrwydd i'r bobl wrando'r Gair yn ddiragfarn. Bu'n llafurus yn ei oes, ac yn fendithiol iawn.

(2) Ysgolion Cylchynol

Yr wyf yn cofio ers trigain mlynedd yn ôl nad oedd fawr o ysgolion yn y wlad. Yr oedd ambell i ŵr bonheddig yn gyrru'i blant i'r ysgol i ddysgu Saesneg ac i ddysgu rhifyddeg i'r diben i'w haddasu'n well i drin y byd. Nid oedd neb yn meddwl am ddysgu Cymraeg iddynt nes i Mr William Jones o Drefollwyn[107] fynd at Mr Griffith Jones yn y Deheudir ers trigain mlynedd yn ôl i ymofyn am yr ysgolion rhad dan ei olygiad ef a Mrs Bevan. Cafodd ei ddymuniad gyda sirioldeb mawr. Anfonwyd yn dra buan ynghylch chwech o ysgolfeistriaid i Sir Fôn. Dygasant gyda hwy esboniadau Mr Griffith Jones ar Gatecism Eglwys Loegr,[108] y rhai a fuont yn foddion i dynnu sylw rhai dynion at egwyddorion crefydd.

Ond er cael yr ysgolion yn rhad yr oedd gwrthwynebiad mawr ymysg llawer o'r rhieni i ollwng eu plant i'r ysgol. Taenwyd chwedl gelwyddog drwy'r wlad mai brenhines oedd Mrs Bevan ac y byddai'n galw am y plant, wedi'u dysgu, i ryw deyrnas arall. Yr wyf yn cofio fod llawer o rieni'r plant wedi penderfynu na châi eu plant fyth fynd i'r ysgol oherwydd hyn. Ond bu'r ysgol, er hynny, o fawr fendith, a chanfyddwyd yn fuan nad oedd y dychymyg ffôl hwn ddim yn wir trwy fod y plant yn cael llonydd fel eraill yn y wlad. Fel hyn y dechreuodd y fagddu dywyll trigolion Môn deneuo ychydig, ac eneidiau rhai yn graddol gael eu troi o'r tywyllwch i'r goleuni.

(3) Pregethwyr cynnar Môn

SCRUTATOR: Tro gwerthfawr iawn ar feddwl pechadur yw ei oleuo. Ewch rhagoch â'r hanes buddiol.

SENEX: Yn raddol taenodd gwybodaeth o wirioneddau Duw ym mhlith trigolion y wlad. Cynysgaeddodd Duw ddynion â doniau addas i gynghori'i gilydd, megis Hugh Griffith,[109] Richard Jones,[110] Evan Griffith,[111] Owen Thomas,[112] William Roberts,[113] Michael Thomas,[114] William Lewis,[115] y rhai ydynt wedi cael eu galw adref i gyd ond William Lewis, yr hwn sydd eto'n fyw ac yn llafurus ac wedi derbyn doniau addas at ddeall ei wrandawyr.

Gŵr o Lŷn oedd Hugh Griffith yr hwn a ffodd rhag cael ei anfon i garchar neu o'r wlad yn y dyddiau erledigaethus hynny. Bu Hugh Thomas o Lŷn[116] yn llechu dair wythnos mewn twll yn y ddaear am bregethu.

(4) Cyfarfodydd Misol a Blynyddol

Dechreuwyd cadw cyfarfodydd misol a blynyddol yn fuan, y rhai a fuant o hynny hyd yn hyn o fawr fendith. Nid oedd lle i'w cynnal ond wrth ryw dafarndai lle y caent gennad er mwyn budd ac elw oddi wrth yr hyn a dderbynient am fwyd a diod y rhai a ddeuent yno.

Ynghylch chwe blynedd a deugain yn ôl y cynhaliwyd y cyfarfod blynyddol cyntaf yn Sir Fôn,[117] yn y Chwaen Hen ym mhlwyf Llantrisant. Yr oedd Thomas Foulkes o'r Bala a minnau'n pregethu yno. Cafodd pob un ohonom gymorth neilltuol wrth lefaru, yn enwedig Thomas Foulkes, yr hwn a lefarodd gyda hwyl a melyster nefol, ar y geiriau yn Genesis 49:10. Rhagddywedodd yn hyf y byddai cynulliad pobloedd at yr Iesu, yr hyn sydd yn cael ei gyflawni yn y wlad o hynny hyd yn hyn. Yn iach y byddoch. Rhaid i mi fynd at fy ngwaith.

SCRUTATOR: Diolch i chwi. Y mae'n bryd i chwi orffwys bellach, wedi byw a gweithio dros 90 o flynyddoedd. Hawddamor, fy hen gyfaill!

Atodiad:

Llythyr Jane Owens at Howel Harris

Atodiad
LLYTHYR JANE OWENS

Dolgellau,
27 Mehefin 1770.

Syr, a'm hannwyl gyfaill yn yr Arglwydd,

Yr wyf fi wedi ymroi i fod mor hyf arnoch ag ysgrifennu ychydig atoch yn ôl yr hen arfer a fu ac sy'n bod rhwng pererinion, ac sy'n debygol o barhau fel ag y mae gras yn amlhau. Ond bendigedig a fo'r Hwn trwy ba un y mae hynny'n bod, ac yr wyf fi'n gobeithio y bydd iddo ychwanegu'r cariad rhwng ei blant, er ein bod ninnau'n gwbl ddieithr i'n gilydd o ran adnabyddiaeth bresennol. Mi a ewyllysiwn eich gwneud chwi'n gydnabyddus â'r amgylchiadau cyfyng yr wyf fi danynt o amryw fath, fel ag y byddai'n dda gennych chwi roi fy achos o flaen yr Arglwydd, oblegid yr wyf fi'n credu fod y gyfeillach sydd rhwng eich enaid chwi a'r dyn Crist Iesu yn neilltuol tu hwnt i mi. Nid wyf fi ond y creadur gwanaf a'r lleiaf o blant Duw, (os wyf ynddo hefyd). Fy nymuniad egwan yw ar fynd ar ôl Crist gydag annog eraill i ddilyn yr un llwybr. Ond clod fyth i'r Hyfforddwr, yr wyf fi'n gweld mewn rhai dynion y bu i mi ddechrau dweud wrthynt ynghylch mater eu heneidiau, ryw beth wedi bod yn debygol o weithio arnynt. Ond yr wyf fi dan bob gwaradwyddiadau ar a allont eu dyfeisio oblegid hynny. Ond os bydd i'r Arglwydd fy nghynorthwyo a'm cynnal hyd y diwedd, myfi a geisiaf dynnu teyrnas Satan yn wannach. Gweddïwch droswyf (nid wyf ond offeryn gwael) ar i'r Iesu fod yn blaid i mi yn y mater. Yr wyf fi fel rhwng crochanau a dynion poethion. Mi glywais fod gwraig y Saboth diwethaf yn wylo, clywed fod cymaint o elyniaeth imi, rhag iddi glywed fy mod wedi cael fy lladd gan rai ohonynt hwy, a honno'n bur ddieithr imi hefyd. Yr wyf fi yng nghanol fy ngelynion, ond y mae Duw yn fy nghadw yn ddihangol.

Ond peth arall sydd yn gorwedd ar fy meddyliau yn fwyaf neilltuol yw y mae fy ngalwedigaeth yn fel bod yn rhwystr imi, debygwn i, i wneud gwaith a feddyliwn fod yn fwy o bwys ac o fraint imi, a hynny sy'n peri imi feddwl yn aml rhoi fy musnes i fyny, fel ag y gallwyf fynd weithiau o amgylch lle'r wyf fi'n meddwl y byddai ryw lesâd iddynt hwy a minnau. Ac eto, nid oes gennyf ddim modd na dim i fyw arno ond hynny, a phetawn o'r galon yn credu, yr wyf fi'n meddwl na adawai Duw mohonof yn ôl o ddim a fyddai'n angenrheidiol at fy nghynhaliaeth yn y bywyd hwn. Yr wyf fi fel yn credu fod gan yr Arglwydd ryw waith imi i'w wneud, na ddylwn ddim peidio, ac nid oes dim sefydlog i'm meddyliau yn y peth. Yr wyf fi'n gobeithio y gwnewch chwi ymgynghori â Duw ar iddo fy rhoddi yn y ffordd fwyaf dewisol ganddo ef. Yr wyf fi yn disgwyl fel wrth lais yr Hollalluog yn fy ngosod fel y byddo mwyaf buddiol ganddo Ef.

Y mae amryw o lefydd ffordd acw na lefys[118] un Cynghorwr ddyfod, ac mi dderbyniant gyngor gan fenyw yn well oherwydd nad oes mo'r galwad hwnnw o gynghori ganddi. Ac eto maent yn dweud mai pregethreg wyf fi, ond nid oes bawb yn coelio ar sydd ym mhell oddi wrthyf. Ac mi a ddymunwn gael clywed oddi wrthych chwi pa beth a fydd eich meddwl chwi am hynny o amgylchiadau yr wyf fi ynddynt. Ewyllysio yr wyf fi i waith yr Arglwydd fynd yn ei flaen, pa beth bynnag ar a ddigwyddo i mi yn y byd yma. Yr wyf fi'n ceisio cynorthwyo rhai cymaint ag y gallwyf drwy gael help Duw, onid e, ni allaf ddim.

Lle ofnadwy yw'r fangre acw yn erbyn daioni. Mi fyddant yn gwatwar yn aml pan fôm ar weddi. Waith arall yn gweiddi [nes] na chlywom mo'n llais ein hunain, a waith arall yn curo'r drysau'n hyll, a llawer iawn yn amgylchu'r tŷ, bonheddig, cyffredin, mawr a bach, (ac eto mae Duw yn fy nghadw i a fy nhylwyth yn ddihangol) poeri ar fy mhen yn y stryd, lluchio fi â cherrig, a dim yn fy nghyffwrdd, lluchio fi â thom, eto, dihangol, drwy drugaredd. Ceisio fy ngyrru i ffwrdd a disgwyl gwarant i'm gyrru yn hir ar hynny acw, a nis gwn i a ddylwn i ymadael â'r lle ai peidio. Mi fyddaf yn meddwl weithiau na ddylwn mewn modd yn y byd, oblegid mi ddeuthum fel heb yn waetha imi i'r lle, a heb neb yn fy ngyrru, ond llawer yn ceisio fy rhwystro. Ac nid yw ddim yn edifar gennyf gan fy mod yn gweled fod ychydig, o lawer o eneidiau wedi gweled yr angenrheidrwydd o Grist. Nid wyf fi yn prisio, os bydd imi gael yr Arglwydd, pa amarch a gaffwyf gan ddynion, ac mi fûm yn meddwl pe buaswn yn dyfod yma na fuaswn yn medru gwneud dim o'r gwaith oedd gennych chwi mewn llaw, oherwydd fy ngwaith i yw gwnio a dysgu plant, ac nad wyf ddim o'r gallu i wneud dim arall. Ond mae hiraeth o'm calon arnaf am blant a phobl Dduw, a chymaint ag wyf yn ei gael yw llythyrau oddi wrth wŷr duwiol, ac mae yn gysur mawr imi hynny. Ac yr wyf yn dymuno llythyr oddi wrthych chwithau os caf, a'i ddeirectio ei adael efo Mr Foulkes yn y Bala. Wel, yr Arglwydd a fyddo gyda chwi yn eich gwaith mawr ac a'ch llwyddo chwi a hwythau i bob diderfyn oesoedd tragwyddoldeb. Amen. Hyn yw prudd ddymuniad eich annheilyngaf gyfeilles yn yr Arglwydd,

JANE OWENS.

Y mae acw ychydig o eneidiau yn dymuned[119] eich gweddïau, a hefyd mi a ddymunwn i chwi wneud fy achos yn gydnabyddus i *my Lady*.[120] Efallai y byddai iddi gael calon i dosturio wrth y Gristiones wael. Ac uwchlaw pob peth, nid wyf fi yn dymuned ond i'r Arglwydd fy ngwneud yn deilwng o bob dirmyg mewn gwirionedd er mwyn Crist. O! Er mwyn yr Iesu, gweddïwch droswyf a'r gynulleidfa fach sydd yn dyfod ataf i ymgyfarfod bob nos, fel ag y byddo i chwi a minnau a hwythau ymgyfarfod mewn gorfoledd yn yr atgyfodiad mawr. O! nerth a gallom i wrthsefyll gelynion ein heneidiau, er mwyn yr Arglwydd Iesu Grist, Amen.

NODIADAU

1. *Mr Howel Harris:* (1714-73). Y cyntaf a'r pennaf o'r Tadau Methodistaidd, ac o bosib, Cymro mwyaf y ddeunawfed ganrif yn ôl barn neb llai na'r Dr R. T. Jenkins. Am grynodeb hwylus o'i hanes gweler *BC*, neu *Cydymaith i Lenyddiaeth Cymru*, Gwasg Prifysgol Cymru, 1986. Am astudiaethau llawnach gweler *Life of Howell Harris The Welsh Reformer,* Hugh J. Hughes, Casnewydd a Llundain, 1892, *Blynyddoedd Cyntaf Methodistiaeth*, Richard Bennett, Caernarfon, d.d. (tua 1909), *Howell Harris,* Griffith T. Roberts, Llundain, 1951, *Howel Harris 1714 - 1773 The Last Enthusiast,* Geoffrey F. Nuttall, Caerdydd, 1965, a *Portread o Ddiwygiwr,* Gomer M. Roberts, Caernarfon, 1969.

2. *Tŷ Ellis Owen yn y llan:* Tafarn yr Eryrod yn ymyl Eglwys y Plwyf, Llanuwchllyn.

3. *Ni chafodd **mo'r** cystal llonydd:* Talfyriad yw hwn, sef *dim o* yn troi'n *mo,* sydd yn ffurf anffurfiol ar y negydd. Gweler Peter Wynn Thomas, *Gramadeg y Gymraeg,* Caerdydd, 1996, t. 45. Ymddengys enghreifftiau eraill o'r un gystrawen: *mo'r llawer* (ddwywaith) gan John Evans a *mo'r galwad* gan Jane Owens.

4. *Charles Evans:* Un o Wardeniaid plwyf Llanycil yn 1740. Arwyddodd ei ewyllys olaf ar 11 Mawrth 1750, ac fe'i disgrifia'i hun fel ffarmwr. Mae'n gadael ei holl eiddo i'w wraig Jane. Claddwyd ef yn Llanycil 8 Ebrill 1751. Profwyd yr ewyllys fis yn ddiweddarach, 8 Mai 1751. Adysgrifau'r Esgob o blwyf Llanycil ac Ewyllys Charles Evans, Llanycil, LlGC.

5. *White Lion:* Nid oes sôn am y dafarn hon ym mhapurau na map y Degwm, 1838.

6. *Daniel Rowland:* (1713-1790). Gweler *BC,* a *Cydymaith i Lenyddiaeth Cymru,* Caerdydd, 1986. Am astudiaethau diweddar gweler D. J. Odwyn Jones, *Daniel Rowland, Llangeitho, (1713-1790),* Llandysul, 1938, ac Eifion Evans, *Daniel Rowland and the Great Evangelical Awakening in Wales,* Banner of Truth Trust, 1985.

7. *y Wardeniaid:* Un o wardeniaid eglwys Llanuwchllyn yn 1740 oedd David Stephen, Nantydeiliau, Pennant-lliw. Croesawodd un o Ysgolion Cylchynol Griffith Jones ym Medi 1739 a lletyodd Harris yno. - *HCHGLl,* t. 65.

8. *person y plwyf:* 'Rheithor Llangywer [a chiwrad sefydlog Llanuwchllyn] o 1701 hyd 1752 oedd William Jones,' R. T. Jenkins, *HCHGLl,* t. 200, ac nid Mr. Rowland Lloyd fel y dywed Gomer M. Roberts, *HMGC,* Cyfrol I, t. 148, gan ailadrodd camgymeriad William Williams, (Glyndyfrdwy), *MDM,* t. 40.

9. *Rowland Lloyd:* Bu'n un o'r tystion yn erbyn Lewis Evan, y Cynghorwr o Lanllugan, Sir Drefaldwyn, a gyhuddwyd ger bron Llys Chwarter Meirionnydd o fod wedi llefaru'n gableddus gan ddiystyru cyfreithiau'r Deyrnas hon ac yn erbyn heddwch ac anrhydedd y brenin yn y Bala ar 10 Tachwedd 1745, a thrachefn ar y 27 Gorffennaf 1747 ei fod wedi pregethu a dysgu'n anghyfreithlon yn nhŷ Owen Owens. - Keith Williams-Jones (Golygydd), *A Calendar of the Merioneth Quarter Sessions Rolls,* Vol. I: 1733-65. Enwir 'Esgweier Lloyd' ymhlith erlidwyr Harris yng nghân Ned Lloyd. Gweler E. G. Millward, 'Ymweliad Howel Harris â'r Bala, 1741,' *CH*, LX (Mawrth 1976) tt. 82-86.

10. *Catherine Edward:* '... dirwywyd hi am nad oedd ei thŷ wedi ei gofrestru dan Ddeddf [Goddefiad] 1689.' *CT,* t. 8. Claddwyd 14 Ebrill 1760 yn Llanycil yn ôl Cofrestr y plwyf.

11. *Bull:* Deil ar un safle ar Stryd Fawr y Bala.

12. *Mr Robert Jones ... person plwyf Llanycil:* Sefydlwyd y Parchedig Robert Jones yn rheithor Llanycil ar 25 Awst 1735 a bu yn y swydd hyd ei farw ym Mawrth 1753. Llsgr. Ll.G.C. 1626/7. Yn Adysgrifau'r Esgob o blwyf Llanycil am 1753 gwelir *March 6 The Revd Mr Robert Jones Rector of this Parish buried.*

13. *Andrew Jones:* 'January 7 [1744/5] Mr Andrew Jones of Capegwen in Clocaenog, Brother of Mr Jones, Present Rector here. Buried.' Adysgrifau'r Esgob o blwyf Llanycil, Ll.G.C.

14. 'Y dafarn yr aethant i yfed iddi ar ôl cyrhaedd y dref oedd yr un a elwid yr Eagles, ac a elwir yn awr Plas Coch.' - *MDM*, t. 41.

15. *ffael:* 'cael ffael: to have an oppertunity or chance,' *GPC.*

16. *John Moses:* Yr oedd ef a'i frawd Evan Moses yn hannu o Sir Aberteifi. Gofaint wrth eu galwedigaeth. Gan mai ef yn unig o'r ddau frawd a enwir fel amddiffynwr Harris ar yr achlysur hwn, tybir iddo 'gael crefydd o flaen ei frawd.' 'Nid oedd mor amlwg mewn crefydd, nac fel pregethwr ag ef [ei frawd], eto mewn barn, cariad, nid oes amheuaeth nad oedd efe yn ŵr duwiol.' *DA*, t. 176. Claddwyd yn Llanycil 12 Tachwedd 1787. Cofrestrau plwyf Llanycil, Archifdy Meirionnydd, Dolgellau. Yr oedd yn daid i Ioan Tegid,(y Parchedig John Jones, 1792-1852), y clerigwr a'r llenor.

17. *Jenkin Morgan:* Brodor unai o ardal Caerffili neu Gastell-nedd. Yr oedd yn un o ysgolfeistri allweddol y Parchedig Griffith Jones, Llanddowror, a bu'n cynnal ysgolion yn Llanbryn-mair, Llandinam, Llanwyddelan, Llanuwchllyn, a Llangybi (Eifionydd). Ef a dywysodd Harris gyntaf i Sir Gaernarfon. Priododd ag Ann Thomas, un o ferched y Tyddyn Mawr, Penllech, ger Tudweiliog. Derbyniodd ddogn helaeth o erledigaethau yn ei ddydd, ac nid rhyfedd iddo dderbyn urddau ordeiniedig yn 1746 gan eglwys Annibynnol Rhos-meirch, Sir Fôn, ac felly dderbyn peth ymgeledd oddi wrth yr erlidwyr fel gweinidog ordeiniedig dan Ddeddf Goddefiad 1689. Cydweithredai â John Wesley fel cyfieithydd iddo ym Môn, 1747-50. Bu farw 1762. *BC* a *MLlE*, t. 51.

18. *gwarthol:* 'Un o bâr o ddolennau neu gylchoedd metel (ac iddynt waelod fflat) sy'n hongian wrth strapiau o boptu i gyfrwy er cynnal traed marchogwr.' *GPC.*

19. *George Griffiths:* Mab i Evan Griffiths, athro cyntaf Ysgol Tŷ-tan-domen. - *CT*, t. 7. Bu'n rheithor Llangywair a Llanuwchllyn o Ragfyr 1752 hyd Awst 1772. Llsgr. Ll.G.C. 1626/7.

20. *cynnwys:* Yn yr ystyr o roi 'caniatâd, goddefiad; derbyniad, croeso,' i Howel Harris. *GPC.*

21. *Robert Griffith Siencyn:* Awgryma'r Dr R. T. Jenkins mai ef yw Robert Griffith, ysgolfeistr yr Ysgol Ymneilltuol a sefydlwyd yn y Bala dan ewyllys Dr Daniel Williams, ac mai ef hefyd oedd perchennog tŷ John Moses. '... prin y mae'n bosibl peidio dyfalu mai Robert Griffith, yn nesaf at ei weinidogion, oedd Annibynnwr mwyaf gweithgar a mwyaf dibynnol Llanuwchllyn yn ei ddydd.' *HCHGLl*, I, t. 63, 86-89. Y mae'r llythyr a ysgrifennodd at Harris yn Ionawr 1740/41 yn pwyso arno i alw yn Llanuwchllyn ar ei ffordd i Sir Gaernarfon wedi'i ddiogelu ymhlith Llythyrau Trefeca (Rhif 306).

22. *triwyr:* Hen gyfansoddair o *tri* a *gwŷr*. Gweler T. J. Morgan, *Y Treigliadau a'u Cystrawen*, Caerdydd, 1952, t. 133.

23. *rhoddes:* Hen ffurf ar drydydd person unigol gorffennol mynegol *rhoddi.*

24. *Evan Moses:* Brawd John Moses, yntau hefyd yn ofaint ac yn bregethwr. Bu 'yn llewyrchu mewn lle tywyll; yr oedd ei dduwioldeb yn amlwg, ei gyngorion yn fendithiol, ei weddiau yn aml a gafaelgar, a'i zêl yn wresog dros achos Duw. Addfedodd fel tywysen lawn yn more ei ddyddiau i'r cynauaf mawr.' *DA,* t. 175-76 . Y cyntaf i ddechrau cynghori yn Sir Feirionnydd, yn ôl Atodiad i'r ail argraffiad o *Drych yr Amseroedd,* Llanrwst, d.d. Penderfynwyd yn Sasiwn Llanidloes, Mai 1750, y disgwylid iddo 'anfon adroddiad am eneidiau yn y Bala a'r cylch.' - *HMGC,* Cyfrol I, t. 192. Bedyddiwyd pump o'i blant, Moses, Margaret (1), Margaret (2), Aaron, ac Evan yn Llanycil yn y blynyddoedd 1743 - 1753, eithr claddwyd Margaret (1) ac Evan yn eu babandod. Disgrifir ef fel '*smith*' ac enw'i wraig oedd 'Margaret.' Cofrestrau plwyf Llanycil, Archifdy Meirionnydd, Dolgellau.

25. *John Edmund:* Claddwyd ef 18 Ionawr 1792 yn ôl Cofrestr plwyf Llanycil, a disgrifir ef fel *Cordwainer* yn y Llythyr Gweinyddiad a ganiatawyd i'w ferch hynaf, Anne Pugh, gwraig Hugh Pugh, Parc Bach. Enwir ei wraig yn Jonet Edmunds, ac ni oroeswyd ef gan John ei fab. Arwyddwyd y llythyr gan Hugh Pugh; Edward Jones, a John Evans, a'r dyddiad yw 31 Mawrth 1792. Llythyr Gweinyddiad plwyf Llanycil, 1792, Ll.G.C.

26. *Owen Owens*: Dichon mai ef yw'r Owen Owens a briododd Elin Martin yn Llanycil ar 25 Ebrill 1737 ac a gladdwyd yno 17 Chwefror 1785. - Cofrestrau plwyf Llanycil, Archifdy Meirionnydd, Dolgellau. Yn nogfennau'r achos llys yn erbyn Lewis Evan, Llanllugan, a gyhuddwyd o bregethu a dysgu yn anghyfreithlon, dywedir mai yn nhŷ Owen Owens y bu'r drosedd. *CH,* VI., 54-55.

27. *Margaret Morris:* Merch Morys ap Rhobert, Ty'n Llidiart, Annibynnwr o Lanuwchllyn.. *CT,* t. 1. Yn ôl Cofrestrau plwyf Llanycil yn Archifdy Meirionnydd, Dolgellau, '5 June [1744] John Evans and Margaret Morris both of this Parish - by Banns - married,' a 'Margaret Morris of Bala June 15th. [Burried A.D. 1807].'

28. *Y Weirglodd Gilfach*: Cwm Croes, Cynllwyd, Llanuwchllyn. Yr oedd yn adfail pan ysgrifennai Dr R. T. Jenkins yn 1937, ond ymddengys iddo gael ei adfer yn ddiweddar. Saif ar fin y ffordd rhwng y Tŷ Mawr a Nant y Llyn, ac fe'i disgrifiwyd gan Syr O. M. Edwards, 'Hen dŷ isel, ei furiau o gerrig geirwon, ei do o lechi'r Aran gyda mwswgl gwyrdd a llwyd yn tyfu arno,' ond 'yn y rhestr o brif dai a phrif drigolion Llanuwchllyn a gasglodd Edward Llwyd yr hynafiaethydd tua 1700, rhestrir y Weirglodd Gilfach ym mysg y tai pwysig o'r ail ddosbarth, a gelwir ei berchennog, Dafydd Morgan, (tad Meurig Dafydd) yn "uchelwr".' Cofrestrwyd y tŷ i addoli ynddo dan Ddeddf Goddefiad 1672.' - *HCHGLl,* tt. 55 a 65. Cyhoeddwyd darlun o'r tŷ gyferbyn â thudalen 56.

29. *A phan fyddai bregethwr:* Yr hen arfer o dreiglo'r goddrych ar ôl y trydydd person unigol amherffaith o'r ferf *bod.* Gweler T. J. Morgan, *Y Treigladau a'u Cystrawen,* Caerdydd, 1952, t. 312-13.

30. *William Richard Lloyd:* Ymddengys y bu dau gynghorwr ym mysg y Methodistiaid cynnar yn dwyn yr enw William Richard, a bellach mae'n anodd gwahaniaethu rhyngddynt. Adwaenir un fel William Richard, Abercarfan, ger Llanddewibrefi, ac â'r llall weithiau o dan yr enw William Richard Llwyd neu Lloyd, a bu'n byw ym Mhen Disgwylfa. Mae Howel Harris yn ei ddyddiadur am 17 Mai 1763 yn sôn fod 'Wm Richard 1st and Wm Richard 2nd' yn bresennol mewn Sasiwn yn Nhrefeca. Bu farw William Richard, Abercarfan, yn ystod haf 1770 a chanodd Williams Pantycelyn farwnad iddo, eithr yr oedd William Richard Llwyd yn fyw yn 1779, oblegid enwir ef yn ewyllys Morgan Rhys, Llanfynydd, yr emynydd, a lluniwyd yr ewyllys honno yn 1779. *HMGC,*

Cyfrol I, tt. 259-260.

Cyhoeddwyd o leiaf ddau lythyr oddi wrth William Richard, Abercarfan, at Howel Harris yn disgrifio'i deithiau trwy Ogledd Cymru, gan gynnwys ei ymweliad â'r Bala, y cyntaf yn *CH*, XI, (Hydref 1926), t. 82, a'r ail yn *Selected Trevecka Letters (1747-1794)*, Caernarfon, 1962, tt.36-38.

31. *Lewis Evan:* 'Ganwyd Lewis Evan (1720-92) yn Nhrefeglwys, ond trigai gyda'i daid yn y Crugnant, Llanllugan, pan oedd yn ddeunaw oed. Gwehydd oedd y pryd hynny o ran ei alwedigaeth. Argyhoeddwyd ef yn Nhrefeglwys yn 1738 dan weinidogaeth Howel Harris. Dysgodd ddarllen yn yr Ysgolion Cylchynol yn Llanllugan a Llanwyddelan, a dechreuodd gynghori yn yr ardal. Yn Chwefror 1743 penodwyd ef ac eraill i ofalu am rai o seiadau'r sir. .... Yn Ionawr 1745 pasiwyd ei fod i fynd cyn belled i'r Gogledd ag y gallai ym Meirionnydd. Carcharwyd ef yn Nolgellau yn 1746 am gynghori yn y Bala, a bu dan rwymau am fisoedd lawer. Ymddiddorodd Howel Harris yn ei achos, a thrwy gymorth cyfreithwyr o Lundain aed â'r achos gerbron y *King's Bench;* o ganlyniad bu'n rhaid i'r ustusiaid roi'i ryddid iddo.' - *HMGC,* Cyfrol I, Caernarfon 1973, t. 275. Am hanes llawn Lewis Evan a'r papurau cyfreithiol gweler Richard Bennett, 'Lewis Evan' *CH,* VI.3 (Tachwedd 1921) t. 42, a *A Calendar of the Merioneth Quarter Sessions Rolls,* Volume I: 1733-65, Golygydd: Keith Williams-Jones, Cyngor Sir Meirionnydd, 1965, tt. 46-48 a 285. 'A'r hen bererin, Lewis Evans, wedi dyoddef cryn lawer o erledigaethau, a hwyliodd ei lestr bach rhwng y creigiau nes cyraedd yn y diwedd y porthladd dymunol.' *DA,* t. 175.

32. *Y Cytir, sef y Bryniau Golau:* Lleolir y Bryniau Golau ar ochr Llangower o Lyn Tegid, tua hanner y ffordd rhwng Pont Mwnwgl y Llyn ag eglwys Llangower.

33. Mae'r geiriau sydd rhwng cromfachau sgwâr mewn llaw ddiweddarach.

34. Mae'r geiriau sydd rhwng cromfachau sgwâr mewn llaw ddiweddarach.

35. Mae'r geiriau sydd rhwng cromfachau sgwâr mewn llaw ddiweddarach.

36. Mae gweddill y llawysgrif mewn llaw pur wahanol.

37. *Morafiaid:* Yr hen enwad Protestannaidd sy'n barhad di-dor o'r Brodyr Bohemaidd a ymneilltuodd yn 1467 dan arweiniad John Huss. Dan ddylanwad y Count von Zinzendorf sefydlasant gymuned ym mhentref Herrnhut (Saxony), (deugain milltir i'r dwyrain o Dresden) yn 1722. Ymwelodd John Wesley â'r fangre yn 1738 a bu eu dylanwad yn amlwg ar Fethodistiaeth gynnar Lloegr a Chymru. Buont yn fawr eu sêl dros Genhadaeth yr eglwys, a sefydlwyd cenhadaeth ganddynt yn Sir Gaernarfon rhwng 1771 a 1793. Buont hefyd yn weithgar yn ardal Hwlffordd, Sir Benfro. - *The Oxford Dictionary of the Christian Church,* Llundain, 1958, *Bwletin Swyddfa Greiriau Sir Gaernarfon,* 1972, t. 29, a Dr R. T. Jenkins, *The Moravian Brethren in North Wales,* Y Cymmrodor Vol. xlv, Llundain, 1938.

38. *John Belcher:* Cynghorwr Methodistaidd. Magwyd ym mhlwyf Eglwysilan, Sir Forgannwg, a daeth dan ddylanwad gweinidogaeth Harris yn 1738. Gof o ran ei grefft. Penodwyd gan Sasiwn Trefeca [Hydref 1747] a New Inn [Ionawr 1750] i ymweld â'r Gogledd. Ochrodd gyda Rowland yn yr Ymraniad. Aeth am gyfnod i'r fyddin ac i'r America oherwydd iddo gael ei siomi gan ei gariad. Yr oedd yn Nhrefeca 1763. Ni wyddys dyddiad ei farw. *BC* a *HMGC*, Cyfrol I, t. 235.

39. *Dafydd William / Dafydd William Dafydd*: (1717-92). O ardal Llandyfaelog, Sir Gaerfyrddin, ond ymsefydlodd ym Mro Morgannwg, yn was i'r Parchedig Christopher Bassett (1753-84).

Byddai'n cael ei ryddhau er mwyn pregethu yng Ngogledd Cymru. Dioddefodd erlid yng Nghaergwrle a Llanfyllin. Ar gyngor Daniel Rowland ordeiniwyd ef yn weinidog Annibynnol yn Aberthin yn ystod yr Ymraniad, ond cadwodd ei gyswllt â'r Methodistiaid. *BC* a *HMGC*, Cyfrol I, t. 247.

40. *Beiblau oeddynt yn dra anaml:* Mae'n amlwg fod cryn amrywiaeth barn am y sefyllfa: 'Cyn 1800 argraffwyd y Beibl cyfan, neu rannau ohono, dri deg un o weithiau. Bu tua 370 o argraffiadau o'r Beibl wedyn rhwng 1800 a 1900.' Y Parchg. Evan Ll. Jones, yn cael ei ddyfynnu gan Ednyfed W. Thomas, *Y Goleuad*, 3 Mehefin 1988, t. 6; 'Oddi ar y diwrnod pan gyhoeddodd William Salesbury *Kynniver llith a ban* yn 1551 hyd 1799 cyhoeddwyd ugain argraffiad o'r Ysgrythur, yn feiblau cyfain neu'n destamentau, ... rhwng 1800 a 1899 ymddangosodd 351 o argraffiadau, heb gyfrif rhannau mân o'r Ysgrythur.' Dr R. Tudur Jones, 'Dylanwad y Beibl ar feddwl Cymru,' R. Geraint Gruffydd (Golygydd), *Y Gair ar Waith*, Caerdydd, 1988, t. 114.

41. *gwaeddfawr:* '[gwaedd + mawr] Pechodau neu ddrygau anfad, ysgeler, echrydus, yn gweiddi am iawn.' *GPC.*

42. *Treulio'r Saboth*: Cymharer yr hanes am Gonwy:

> O fewn ychydig iawn o flynyddoedd yn ôl byddai'r ieuenctid ac eraill yn ymgynnull ynghyd o fewn muriau'r castell i gynnal pob math o chwareuyddiaeth ar y saboth o fore hyd yr hwyr, ... ond yn bresennol y mae y gwellt yn cael llonydd i dyfu yno, a'r sabothau yn cael eu treulio i wrando ac i ddarllen gair Duw. *Goleuad Gwynedd*, 1827, t. 303.

43. *bobio:* 'Chwarae pêl' yn ôl *GPC.* Benthyciad o'r Saesneg *bob*, sydd, yn ôl *The Oxford Dictionary of English Etymology*, Rhydychen, 1966, yn golygu 'move with a jerk up or down or to and fro.' Y mae hefyd i'r gair hwn yr ystyron 'to befool, mock, deceive; to make sport of,' Nodir y defnyddir ef fel 'names of games or forms of diversions.' Y mae pedwar ystyr iddo fel berf, '1. To stirke with the fist.... 2. To strike with any thing rounded or knobbed. 3. To rap or tap with a slight.... 4. To cause (anything) to rap or bounce. Y mae hefyd yn 'expressing short jerking or rebounding motion.' *The Oxford Dictionary*, Rhydychen, 1989. 'Mewn rhai ardaloedd yn Lloegr defnyddir *bob* fel rhan o enw ar wahanol chwareuon gyda marblis e.e. *bob and hit, bob and span* etc. Hefyd, gellir defnyddio'r gair i ddisgrifio'r weithred o daro pêl gyda bat - dyna'r unig ddau gyswllt y gwn i amdanynt lle y medrai'r term *bobio* olygu chwarae gyda 'pêl'. Nid yw hyn wrth gwrs yn gymorth i ddarganfod pa fath o gêm a olygir yn y dyfyniad hwn, ac ofnaf na fedraf daflu goleuni pellach.' - Tecwyn Vaughan Jones mewn llythyr o Amgueddfa Werin Cymru, Sain Ffagan, dyddiedig 28 Gorffennaf 1988.

44. *Chwaryddiaeth:* Cyflwyna *GPC* gyfoeth o ystyron tra awgrymiadol: 'Chwarae, adloniant, difyrrwch; gamblo, hap-chwarae; y weithred o berfformio drama, cyflwyniad drama ar lwyfan; drama, anterliwt.'

45. *Interludes*: Am *Interludes* gwrth-Fethodistaidd gweler ymdriniaeth Gomer M. Roberts yn *HMGC*, Cyfrol I, tt. 434-441.

46. *Walter Cradoc,* (1610?-59) Pregethwr Piwritanaidd. Yn hannu o Drefela, Llan-gwm, Sir Fynwy. Oherwydd ei anghydffurfiaeth collodd ei drwydded i bregethu yn Esgobaeth Llandaf. Gweinidogaethai yn Wrecsam 1634-35, gan wneud cymaint o argraff nes llysenwi Annibynwyr a Methodistiaid yng Ngogledd Cymru am genedlaethau yn *Cradocs*. Disgrifiwyd y weinidogaeth hon gan Edward Jones, (Pont-y-pŵl), *A sermon preached from John v. 28, 29. Occasioned by the death of Mr. Evan Williams...To which is added some account of his life and death*, Llundain, 1750, tt. 86-87,

> Mr Cradock ....by some Means or other... had the Parish Church of the Town of *Wrexham*, in

Denbighshire, North Wales; where he fervently preached to a great Audience. And instead of reading the Morning Prayrs, as the Manner before was, he expounded the Scripture to the People with such heavenly Fire and Plainness, as greatly affected the People, so that when the Bell would toll at Six a Clock in the Morning, the People would presently flock from Town and Country to hear him, and fill that large Church. And by both his Preaching and Expounding a great Reformation followed, which had not followed upon the reading of the Common-Prayer, and many Sinners were turned to the Lord; and among the rest, those eminent Saints and famous Preachers *Mr. Morgan Lloyd,* and *Mr. David 'ab Hugh*. This, you must know, could not fail of kindling the Devil's Rage and Envy; and accordingly a certain Malster in the Country, who was related to a great Family in those Parts, asking an Inn-Keeper of Wrexham, what was the Matter at their Town, that he sold less Malt than usual to them? and receiving for answer, That it was because *Mr. Walter Cradock*, of *South Wales*, had changed the People by his Preaching.

Am ragor o fanylion gweler Dr Tudur Jones, *Hanes Annibynwyr Cymru*, Abertawe, 1966, t. 37.

47. *Morgan Llwyd o Gynfal (1619-59)*, y Piwritan o Gymro, y llenor cyfriniol a'r bardd. Meddai Llwyd amdano'i hun yn 'Hanes Rhyw Gymro'

ym Merionydd gynt im ganwyd
yn Sir Ddinbech im newidiwyd

- *Gweithiau Morgan Llwyd o Wynedd*, I. (Gol. Thomas E. Ellis) t. 57. Dywed Dr R. T. Jenkins na ddaeth i'r golwg hyd yn hyn unrhyw gofnod pendant sy'n profi fod Morgan Llwyd ei hunan wedi efengylu ym Meirion, er ei fod yn nodi awgrymiadau Edward Griffith, Dolgellau, a A. H. Palmer, Wrecsam. Cydnebydd fod dylanwad ('plaid') Morgan Llwyd wedi bod o bwys yn y sir, yn arbennig yn ardaloedd Dolgellau a'r Bala. *HCHGLl*, t. 23-24.

48. *Bodwenni:* 'Un o'r pum tŷ y gwyddys eu cofrestru yn Sir Feirionnydd dan Ddeddf Goddefiad 1672.' - *HCHGLl*, t. 37. Ellis Davies oedd ei berchennog, - cymwynaswr da i Ymneilltuaeth Penllyn o hyn hyd ddiwedd y ganrif.

49. *Mr Baddy o Ddinbych*, Thomas Baddy, m. 1729. Hanai o Wrecsam, addysgwyd yn Academi Frankland yn Rathmell, Sir Efrog, a daeth i fugeilio cynulleidfa Annibynnol Dinbych yn fuan wedi 1690, ac aros yno hyd ei farw. Gofalai am gynulleidfaoedd Wrecsam a'r Bala pan ddigwyddai'r naill neu'r llall fod heb weinidog. - *BC*. Arloeswr ym maes emynyddiaeth yr Ymneilltuwyr, a thrafodir ei gyfraniad llenyddol ynghyd â'i bwyslais ar arbenigrwydd y Cymun fel moddion gras gan Dr R. Tudur Jones, *Hanes Annibynwyr Cymru*, Abertawe, 1966. Cyhoeddwyd ei ymdrechion i fydryddu Caniad Solomon yn 1725. *Libri Walliae*.

50. *Mr Jervice o Lanfyllin:* 'William Jervice, dyn cydwybodol fel Edward Kenrick. Clywir amdano'n rhoi help-llaw i Annibynwyr Penllyn yn y Bala ar ôl marw Thomas Baddy o Ddinbych yn 1729, heb haeddu mwy na'r ansoddair 'defnyddiol' ar law *Hanes Eglwysi Annibynol Cymru.* '- *HCHGLl*, t. 53. Cynorthwy-ydd bugeiliol ar Eglwys Maldwyn, yn cynnwys Annibynwyr, Bedyddwyr a Chrynwyr. Cysylltir ef i ddechrau â chynulleidfa Llanbryn-mair cyn symud tua 1733 i Lanfyllin lle bu farw yn 1743. - *BC.*

51. *Mr Kenrick o Fronclydwr*: Edward Kenrick, (bu farw 1741). Perthynai ei dad a'i daid i gynulleidfa Morgan Llwyd yn Wrecsam, eithr ymaelododd ef â'r *New Meeting*, yn 1691. Priododd Susannah, merch ac aeres Hugh Owen, Bron Clydwr, ac etifeddodd y stad honno yn 1700 a chyda'r etifeddiaeth ofalaeth fugeiliol gyffredinol ei dad-yng-nghyfraith dros Anghydffurfwyr Sir Feirionnydd. Ordeiniwyd yn Wrecsam yn 1702 gan Matthew Henry, yr esboniwr. Tua 1715 ymsefydlodd yn weinidog yn y Bala, wedi hynny yn Llanuwchllyn yn 1739. - *BC.*

52. *Lewis Rees:* (1710-1800). Brodor o Lyn-nedd, Morgannwg. Magwyd yn Ymneilltuwr ac addysgwyd yn ysgol Blaen-gwrach ac academi Maes-gwyn. Ymgymerodd â gofal Ymneilltuwyr Llanbryn-mair heb ei urddo o 1734 hyd 1738. Dychwelodd yno yn 1748 hyd 1759. 'Lewis Rees

a agorodd ddrws a rhoi eli penelin i Howel Harris i ddod i'r gogledd am y tro cyntaf....Cyfunid yn ei bersonoliaeth 'synhwyrwyd doeth' yr Hen Annibynwyr coeth a llewyrch cynnes goleuadau mawr y Diwygiad Methodistaidd.' - *BC*. Mae Dr R. T. Jenkins yn dyfynnu barn Edmwnd Jones, Pont-y-pŵl am Lewis Rees, 'Gŵr duwiol dros ben, hynod am ei ddawn i weddio, a dyfal wrth y gwaith o weddio.' - *HCHGLl*, t. 69.

53. *Meurig Dafydd:* Gŵr y Weirglodd Gilfach, Llanuwchllyn. Enwir ef ymhlith rhydd-ddeiliaid Cynllwyd yn 1743, ac ymddangosai'n gyson rhwng y blynyddoedd 1747 a 1765 fel rheithor yn Llys y Chwarter Sesiwn a gynhelid yn y Bala. - Keith Williams-Jones, (Gol.), *A Calendar of the Merioneth Quarter Sessions*, Vol. I: 1733-65. Yn ôl Adysgrifau'r Esgob o blwyf Llanuwchllyn, claddwyd *Meirick David* ar 18 Mehefin 1766. Profwyd ei ewyllys 30 Mai 1767. 'Gŵr garw, nwydus, twymgalon oedd ef; gŵr parod i danio: yn gallu edmygu'r da a rhoi cymeradwyaeth hael iddo, ond hefyd yn gadael i'r 'hen ddyn' fynd yn gryfach nag ef ar brydiau. Gyda'i holl ffaeleddau, bu'n gefn mawr i'r achos da, boed Fethodistaidd neu Annibynnol.' Claddwyd Thomas Davies, gweinidog ifanc yr Hen Gapel, yn yr un bedd ag ef yn 1781. - *HCHGLl*, t. 55.

54. *achles:* Mae *GPC* yn dosbarthu ystyr gyntaf ***achles*** yn dair rhan: Y gyntaf yw gorchudd neu gysgod, yr ail yw nodded, amddiffyn ac ymgeledd, a'r trydydd yw swcwr a chefnogaeth.

55. *craffwyd:* gafael, cydio, cipio. *GPC*.

56. *gwrthafl:* Ffurf arall ar *gwarthafl*, a *gwarthol*. *GPC*.

57. *symol:* gweddol.

58. *Pregethau un Mr Russel: Saith o Bregethau, sef, i. Ynghylch y Pechod anfaddeuol yn erbyn yr Yspryd Glân, &c. ii. Dyledswydd ac Ymarferiad y Saint, &c. iii. Yr amser cymeradwy a dydd jechydwriaeth. iv. Diwedd amser a dechreuad Tragwyddoldeb. v. Ymroad Josua i wasanaethu'r Arglwydd. vi. Y ffordd i'r Nef wedi ei hamlygu. vii. Cyflwr dyn yn y byd a ddaw*, &c. O waith Robert Russel, o Wadhurst yn Sussex, a'i gyfieithu i'r Gymraeg gan William Edwards. Allan o'r nawfed argraphiad a deugain yn y Saesneg. Pengwern s.y.h. Mwythig. [1709]. *Llyfryddiaeth y Cymry*: Llanidloes, 1869. Argraffiadau eraill c.1735. ***Libri Walliae***.

59. *Peter Williams:* (1723-96), Yr Esboniwr. Ond ni ddylid anwybyddu'i gyfraniad fel pregethwr. Gweler ymhellach Gomer M. Roberts, *Bywyd a Gwaith Peter Williams*, Caerdydd, 1943, Dr R. T. Jenkins, *Yng Nghysgod Trefeca*, Caernarfon, 1968, tt. 154-171. a Derec Llwyd Morgan, *Pobl Pantycelyn*, Llandysul, 1986, tt. 37-52. Cadwyd y disgrifiad hwn o un o'i ymweliadau â'r Bala:

> Oddi yma [Llanfair Caereinion] aethum i'r Bala, lle y clywais fod ynghylch dau neu dri yn caru'r efengyl, a'u bod yn berchen ychydig eiddo. Un o honynt a anwyd yn Iscoed Celyddon, (*Scotland*), ond wedi priodi ac anneddu yno, hefyd yr ydoedd yn *fab yr heddwch*; aethum i mewn, ac arosais gydag ef, fel Cornelius, (Act. x.24). Pa fodd bynnag, hyspyswyd i ychydig gyfeillion a pherthynasau, a daeth mwy nag a wahoddwyd, a phregethais â'm torch-gwddf (*neck-band*) am danaf, gan obeithio ennill cariad y bobl. Rhai a wrandawsant yn ystyriol, eraill yn anfoesgar, fel yr Atheniaid, (Act. xvii. 20), ac yr oedd arnynt eisiau gwybod fy neges, ac am y pethau oeddwn yn eu llefaru: cedwais lygaid fy meddwl (er troi o'r testun) ar y Weddi gyffredin, yn fwy nâ'r ysgrythyrau, o blegid gwyddwn fod geiriau'r Bibl sanctaidd yn ddieithr i fy ngwrandawyr hynny; dygais ar gof iddynt eu cyffes sabbathol, 'Aethom o'th ffyrdd di, fel defaid gyfrgoll,' &c. 'Arglwydd, cymmer drugaredd arnom,' &c. Sylwais ar yr addasrwydd, gan ddangos yr angenrheidrwydd i ystyried, ac yn awr i dderbyn, y pethau hynny yn eu calonnau: rhai o honynt a ddefnyddiasant y cynghor, ond eraill a'i gwatwarasant gyd a'r dirmyg mwyaf. Taflasant gerrig o ddeutu tri phwys i'r lle yr oeddwn yn myned i gysgu, ond ni chyffyrddasant â mi. 'Ni ddrylliant fy mynydd sanctaidd,' &c. (Esay xi.9). 'Hanes Bywyd a Marwolaeth y diweddar Barchedig Peter Williams, o Gaerfyrddin: wedi ei gyfieithu allan o'i ysgrifen-law ef ei hun' a ymddangosodd yn *Bibl yr Addoliad Teuluaidd*, Y London Printing and

Publishing Company (Limited), d.d.

60. *Howel Davies:* (c. 1716-70), Apostol Penfro. Tröedigaeth dan weinidogaeth Howel Harris ac addysg wrth droed Griffith Jones, Llanddowror. Merch iddo oedd gwraig Nathaniel Rowland. 'Teithiodd dros Gymru i bregethu, ...Yr oedd yn efengylydd melys.' Gomer M. Roberts yn *BC.*

61. *William Williams,* Pantycelyn, (1717-91). Llenor mawr y Diwygiad Methodistaidd ond yn sicr ni ddylid anghofio'i gyfraniad fel pregethwr teithiol. Bu ar nifer o deithiau pregethu yn Sir Gaernarfon a bu'n bwrw'r Sul, 23 Medi 1787 yn y Bala. *MLlE,* t. 124. Am fywyd Pantycelyn gweler Gomer M. Roberts, *Y Pêr Ganiedydd,* Aberystwyth, Cyfrol I, 1949.

62. *Daniel Rowland:* (1713-90): 'Pregethwr oedd Daniel Rowland yn anad dim, ac am gyfnod maith gwnaeth Langeitho yn Feca'r Methodistiaid yng Nghymru.' - Gomer M. Roberts yn *BC* . 'Mr. Daniel Rowlands a wynebodd yn fore attom megis udgorn arian i beraidd seinio efengyl hedd.' *DA,* t. 173. Gweler rhagor o fanylion yn nodyn rhif 6 uchod.

63. *William John, o Lancothi:* William Jones, Glancothi, plwyf Llanegwad, Sir Gaerfyrddin. Dechreuodd gynghori tua 1742. Cadwyd rhai o'i lythyrau at Howel Harris. Dichon ei fod yn aelod eglwysig gyda'r Annibynwyr ym Mhant-teg. Ochrodd gyda Rowland yn yr Ymraniad, ac felly ar yr un ochr â John Evans. Bu farw yn 1766. - *HMGC* , Cyfrol I, t. 253.

64. *John Harris o Sir Benfro*: sef John Harri (1722-88), Treamlod. Cynghorwr Methodistaidd, a chyd-weithiwr â'r Parchedig Howel Davies. Ymdrechodd i gadw'r Morafiaid rhag 'dwyn pobl Mr. Howel Davies.' Ordeiniwyd ei fab, Evan Harries, yn Sasiwn Ordeinio gyntaf y De, yn Llandeilo Fawr, Mehefin 1811. Dr R.T.Jenkins, *BC.* Penderfynwyd yn Sasiwn Cil-y-cwm (Hydref 1748) ac yn Sasiwn Castell-newydd (Hydref 1749) ei fod i ymweld â Gwynedd yn ystod y mis dilynol. 'A Venerable Old Servant of Jesus Christ,' oedd teyrnged Sally Jones, (Mrs. Thomas Charles) iddo. -*HMGC,* Cyfrol I, tt. 266-67.

65. *Morgan Jones:* (c. 1711-71). [Tebyg yw ei fod yr un person â Morgan John Lewis]. Gweinidog ar gynulleidfa o Annibynwyr yn Sir Fynwy. Ganwyd a magwyd ef yng Nghwm Ebwy-fawr, plwyf Aberystruth, Sir Fynwy. Ymwelodd Harris â'r cylch yn 1738 a dychwelwyd pump o bersonau, yn cynnwys Morgan John Lewis. Un o emynwyr cynnar Methodistiaeth. Ymddengys ei enw fel pregethwr yn adroddiad y Sasiwn gyntaf y Methodistiaid yn y Watffordd yn Ionawr 1742. Yn 1743 fe'i penodwyd yn arolygwr seiadau Mynwy a rhan o Sir Forgannwg. Yn Sasiwn Cil-y-cwm, Hydref 1748, fe'i penodwyd gyda David John i fynd ar daith i'r Gogledd. Ordeiniwyd yn null yr Annibynwyr yn y New Inn, Pant-teg, Mynwy, Llungwyn 1756. *BC* a *HMGC,* Cyfrol I, t. 192. Er eu bod yn amheus o'i eirwiredd diogelodd awduron *Hanes Eglwysi Annibynol Cymru* y traddodiad lleol hwn o'r erledigaeth a droes yn angau iddo:

> 'Mae hanes y rhan ddiweddaf o'i oes yn hynod a difrifol iawn, os yw yn wir. Dywedir ei fod wedi pregethu yn y New Inn foreu y Sabboth, ac yn yr hwyr yn nhŷ Mr. Jayne, un o'r aelodau, yr hwn oedd yn byw rhwng Pontypool a Blaenafon. Cysgodd yn y tŷ lle y buasai yn pregethu y noswaith hono, ac yn fore iawn bore dranoeth, daeth meistr tir Mr. Jayne yno, a milwr gydag ef, a gofynodd pa le yr oedd y pregethwr; atebwyd ei fod heb gyfodi o'i wely. Mynodd y gwr a'r milwr fyned i'w ystafell wely, a chawsant ef yn cysgu. Dynoethodd y milwr ei gleddyf, ac ysgydwodd ef uwch ei ben, dan waeddi, "Deffro Heretic." Deffrodd yntau, ac wrth weled y fath olygfa arswydus, ac annisgwyliadwy, cafodd gymaint o ddychryn nes y dyrysodd ei synwyrau. Bu yn y cyflwr hwnw am tua blwyddyn, ac yna bu farw.'

Yna ychwanegant deyrnged Edmwnd Jones, Pont-y-pŵl, iddo:

> 'Efe a fu am beth amser yn gynghorwr selog ac egwyddorol yn mysg y Methodistiaid, ond o'r diwedd aeth yn weinidog i nifer o Fethodistiaid, y rhai a ymffurfiasent yn eglwys Annibynol mewn lle tua thair milldir islaw Pontypool,... Yr oedd efe yn bregethwr grymus; yn un o wybodaeth a meddwl treiddgar mewn pethau dwyfol; o gymmeriad difrycheulyd; ond ystyrid ef i fesur yn rhy erwin yn ei

> ffordd, ac yn rhy barod i feio. Ryw faint o amser cyn ei farwolaeth syrthiodd i bruddglwyf dwfn, ond ychydig cyn ei farw dywedodd ei fod yn cael cysur oddiwrth yr adnodau diweddaf o'r wythfed bennod o'r epistol at y Rhufeiniaid. Y mae yntau hefyd wedi marw er's amryw flynyddau yn ol.'

- T. Rees a J. Thomas, *Hanes Eglwysi Anibynol Cymru,* Lerpwl, [d.d. tua 1871], Cyfrol I, t. 82. Ysgrifennwyd amdano gan William Thomas y dyddiadurwr, 'A very pleasant Methodist preacher, always merry in his countenance with very pleasant parabolic discourse, of a sound doctrine, and went through many oppostions.' - Dyfynnir yn *HMGC,* Cyfrol I, t. 231.

66. *doniol:* yn yr hen ystyr 'dawnus, doniog, talentog,' *GPC.*

67. *Jane Griffith:* Gweler y Rhagarweiniad am y rhesymau dros gredu mai Jane Owens yw'r enw ac nid Jane Griffith.

68. *Pant-y-cra*: Dolgellau: tua milltir o'r dref. Cra = *wild garlic*, garlleg gwyllt, i'w gael mewn enwau lleoedd, Craflwyn, ger Beddgelert, a Crafgoed, Llanddona; (Abercraf). - *GPC.* Y mae dau dŷ o'r enw hwn yn ardal Dolgellau: (1) Saif y cyntaf rhwng Llyn Penmaen a'r Friog, 3 milltir o'r dref. (2) Mae'r ail yng nghyffiniau Tabor. Diau mai'r ail a olygir yma gan ei fod yn nes i'r Bala a thua milltir o dref Dolgellau.

69. *Thomas Foulkes:* (1731-1802): Ganed yn Llandrillo, 1731 Tröedigaeth dan weinidogaeth John Wesley yng Nghaer. Bu'n briod deirgwaith: (1) Margaret, merch Griffith Siôn, 5 Chwef 1758. (2) Mrs Jane Jones, gweddw ag iddi ferch, Sarah [Sally Jones], o'i gŵr cyntaf, a ddaeth yn wraig i Thomas Charles. (3) Miss Lydia Lloyd, chwaer Simon Lloyd. Symudodd i Fachynlleth i fasnachu, a bu'i bresenoldeb yn y dref honno yn hwb mawr i Fethodistiaeth yn y dref a'r cylch. Ni chyfrifid ei ddoniau gweinidogaethol yn aruchel, eithr nid oedd ail iddo mewn ffyddlondeb. Bu farw yn 71 oed yn 1802. - Joseph Evans, *Biographical Dictionary ...C.M. Body,* Caernarfon, 1907. 'Mr. Thomas Foulks oedd yn bregethwr serchiadol; byddai llawer o golli dagrau dan ei wrandawiad. Byddai yn rhanu tua chan punt bob blwyddyn rhwng y tlodion; ac er hyny yr oedd ei gyfoeth yn cynhyddu yn feunyddiol.' - *DA*, t. 177. 'Yr oedd Foulkes yn arfer darllen llawer o lyfrau y ddau Wesley, a theimlai awydd i'w gydwladwyr fwynhau yr un fraint... Cyhoeddodd ddwy bregeth o waith Charles Wesley ar y cyd a chyfaill - "Deffro di, yr hwn wyt yn cysgu" a "Bydd barod, Israel, i gyfarfod a'th Dduw"'. John Peters a Gweirydd ap Rhys, (Golygyddion), *Enwogion y Ffydd,* Cyfrol 1, tt. 144-5, dyfynedig gan Gwen Emyr, *Sally Jones, Rhodd Duw i Charles,* Pen-y-bont ar Ogwr, 1996, t. 51. Yn *Llyfryddiaeth y Cymry* nodir y gyntaf o'r pregethau hyn, *Gwaedd-ddeffro i fyd cysgadlyd, mewn dwy Bregeth, wedi eu cyfiaithu o'r Saesonaeg, er budd i'r Cymru. Ynghyd a Llythyr difrifol at Bechadur yng nghylch cyflwr ei Enaid,* Trefecca, 1775. Yna ychwanegir, 'Nid yw'r Llyfryn hwn ar werth, ond Rhodd Ewyllysiwr da i Grefydd i'w Gydwladwyr.' Argraffwyd y gwaith hwn gyntaf ym Mryste yn 1751, a'i bris oedd ceiniog a dimai. Cynhwysir argraffiad Bryste yn *Libri Walliae,* rhif 5114, ynghyd â dau argraffiad arall, Caerlleon, c. 1792, a Wrecsam, 1802.

70. *Y ddwy bont:* Y Bont Fawr a Phont yr Arran.

71. *tryfer:* picell driphen. 'A Trident or three forked Dart or Spear to take Eels or Fish,' - *Dictionary of Welsh and English,* Thomas Jones, Llundain, 1688.

72. Tybed ai at y digwyddiad hwn y mae Robert Jones yn cyfeirio yn *DA*, tt. 119-20:

> Ond cyn gadael Meirionydd; er fod gennyf y parch mwyaf i ysgrifennydd y *Drysorfa*; eto yr wyf yn deall iddo gael yr hanes, am y wraig a safodd rhwng y pregethwr a'r erlidwyr, yn amherffaith; ac mewn rhan yn gamsyniol. Fel hyn y bu y tro hwnnw. Yr oedd y cyfeillion yn Nolgellau wedi cael eu herlid yn echryslon y nos Sul o'r blaen, ac un wedi cael ei daro â charreg, fel y bu yn hir mewn llewyg; er nad oedd yno y tro hwnnw neb yn pregerhu. Y nos Saboth canlynol daeth yno ddau i

bregethu; a chwi ellwch feddwl na allai natur lai nag ofni. Pa fodd bynnag, wedi ymgasglu o'r gwrandawyr i'r tŷ, eisteddodd y wraig, sef Catherine Owen, yn y ffenestr oedd ar gyfer y pregethwr, gan ddweud yn siriol iawn: 'Ni chant eich taro oni tharawant chwi trwydda i.' Bu hyn yn rym i feddwl y pregethwyr wrth ei gweled mor ddisigl yn ymddiried yn yr Arglwydd. Cafwyd llonyddwch y tro hwn heb ei ddisgwyl.

'Haedda yr hanes hwn gael ei groniclo drosodd a throsodd drachefn, a'i drosglwyddo i'r oesau a ddaw, fel esiampl o wroldeb a gwrhydri un o ganlynwyr ffyddlon yr Iesu yn Sir Feirionydd.' Robert Owen, *Hanes Methodistiaeth Gorllewin Meirionydd*, Cyf. I, Dolgellau, 1891, t. 353.

73. *Mr Charles:* 'Mr. C-----s' a argraffwyd yn *Trysorfa*, Llyfr II, t. 139.

74. *goddiwes:* Hen ffurf o'r trydydd person unigol gorffennol y ferf 'goddiweddaf,' sef 'dal person neu greadur drwy nesu ato o'r tu ôl.' *GPC.*

75. *Henry Richards:* (1730-1813): Siopwr o Dre-fin, Sir Benfro. Tad y pregethwyr Richard ac Ebenezer Richard, (ac felly'n daid i Henry Richard, Yr Apostol Heddwch.) Athro ysgol a phregethwr mewn amryw fannau yn y De a'r Gogledd am tua 60 mlynedd. - *HMGC*, Cyfrol II. t. 77. Daeth i blwyf Llanaber, ger Abermaw, tua'r flwyddyn 1767. 'Nid hir y cafodd H. Richards aros yn Llanaber, am fod gormod o sawyr Methodistiaeth arno, er nad oedd ef eto yn arfer pregethu. Yr oedd yn hallt yn erbyn anfoes ac afreolaeth yr hen a'r ieuanc, yn ddiwyd yn arwain meddyliau y plant at eu hachos tragwyddol, a'i rodiad yn gweddu i'r hyn y dylai Cristion fod.' - *MC*, Cyfrol I, Wrecsam, 1851, t. 519.

76. *Ysgol Rad Mrs Bevan:* Pan fu farw'r Parchedig Griffith Jones, Llanddowror, yn 1761, yr oedd ganddo dros 200 o ysgolion cylchynol yng Nghymru. Trosglwyddodd ef yn ei ewyllys £7000 i ofal Lady Bevan... Ysgolion Madam Bevan y gelwid hwy ... hyd ddiwedd ei hoes hi. Robert Owen, *Ysgolfeistriaid Mr. Charles o'r Bala*, Dolgellau, 1898, t. 12.

77. *Gwraig Robert Griffith:* Tybed ai hi yw'r 'Elizabeth Griffith, widow pauper' a gladdwyd yn Llanaber ar Ebrill 11 1799 yn ôl Adysgrifau'r Esgob o'r plwyf hwnnw? 'Gwraig rinweddol y Siop Fawr fu â'r llaw bennaf mewn adeiladu capel cyntaf Abermaw. Ar ei thir hi y cyfodwyd ef; ei harian hi, ynghyd ag arian a adawyd trwy ewyllys ei mab ieuanc oedd y rhai cyntaf a fwriwyd i'r drysorfa tuag at ddwyn y draul.' Robert Owen, *Hanes Methodistiaeth Gorllewin Meirionydd*, II, Dolgellau, 1891, t. 297.

78. *Benjamin Evans:* (1740-1821). Brodor o Sir Benfro, a gweinidog yr Ymneilltuwyr yn Llanuwchllyn o 1769 hyd 1777. Awdur nifer o lyfrynnau dadleuol a chatecismau, (Gweler *Libri Walliae*, Aberystwyth, 1987). 'Yr oedd iddo enw mawr fel gweddiwr cyhoeddus, ... yn ŵr hynod ddoeth fel ymwelydd a bugail. Nodwedd fawr ei weinidogaeth oedd cenhadaeth. ... Er i Benjamin Evans ddangos ei wyneb yng nghyffiniau Abermaw, fe aeth chwarter canrif heibio cyn i Annibyniaeth gael ei thraed dani yno; yn y cyfamser, Methodistiaeth yn hytrach a elwodd ar ei ymweliadau ef â'r ardal.' - *HCHGLl*, tt. 95-97, 106-110. Priodolai William Pugh, [1749-1829, Llanfihangel y Pennant], ei dröedigaeth i'r adeg yr aeth i wrando ar Benjamin Evans ....'yn agos i'r Abermaw... [mewn] ffermdy o'r enw Maes-yr-afallen.' Robert Owen, *Ysgolfeistriaid Mr. Charles o'r Bala*, Dolgellau, 1898, t. 47.

79. *William Evans, Fedw Arian*: (1725-1800): Ganed yn yr Ystrad Fawr, Llangwm, ond symudodd y teulu i'r Fedw Arian, nid nepell o'r Bala. Dechreuodd bregethu tua 1765. Awdur emyn ar y testun 'Chwant i'm datod,' *Y Traethodydd*, 1874, t. 429. 'William Evans a fu yn llafurus ac yn ddiwyd i gyhoeddi yr efengyl ar hyd gonglau tywyll y wlad, nes yr anhwyluswyd ei iechyd gan y parlys; a chan i hyn anmharu ei gof a gwanhau ei synwyrau, bu farw felly megis tan râdd o gwmwl.' *DA*, t. 176. 'Yr oedd yn bregethwr nodedig, a chyda hynny'n un o ddynion

pwysicaf Methodistiaeth y Bala.' Dr R.T. Jenkins, *BC*. Yn ôl ei ewyllys, dyddiedig 4 Mawrth 1797, yr oedd wedi ymadael â'r Fedw Arian ac yn byw yn Nhŷ Bach, eto ym mhlwyf Llanycil. Mae'n ei ddisgrifio'i hun 'at Present Indisposed and Sickly yet in my Perfect understanding and memory.' Ei eiddo oedd Maes Gwyn a rhan o Rhyd y Pynne [?], ym mhlwyfi Llanfihangel Glyn Myfyr a Llangwm. Yr oedd John Evans y Bala yn un o'r tystion. Profwyd yr ewyllys 12 Mehefin 1805. Ewyllys William Evans, Llanycil, 1805, Ll.G.C.

Enghraifft o'i ddewrder: Ef oedd y Methodist cyntaf i bregethu ym mhlwyf Llanfachreth er gwaethaf gwrthwynebiad teulu'r Fychaniaid. Mary Corbett Harris, 'History of Religion in the Parish of Llanfachreth,' *Cylchgrawn Cymdeithas Hanes Sir Feirionnydd*, Cyf. IV, Rhif IV, (1964), t. 346. Enghraifft o'i effeithiolrwydd: Bu'n gyfrwng dychweliad Anne Roberts, [Nanws uch Robert] tua 1776. 'Daeth .. William Evans, y Fedw Arian, i Ddolyddelen pan oeddynt yn claddu gŵr o'r gymdogaeth; a chyn i'r dyrfa wasgaru, safodd ar glawdd yn agos i'r gladdfa, i bregethu; ac fe dynnodd ei destun o Math. 1:21. "A hi a esgor ar Fab, ac a eilw ei enw ef Iesu, oblegid efe a wared ei bobl oddi wrth eu pechodau." A thrwy y bregeth honno yr ymwelodd yr Arglwydd â'i henaid trwy ddangos iddi ei bod yn bechadures golledig; ac a amlygodd i'w meddwl werth a digonolrwydd y Cyfryngwr mawr.' - *Goleuad Cymru*, 1825, t. 326.

80. *John Pierce:* 1744-93: Ganed yn Llannor, Sir Gaernarfon. Torrodd goleuni'r efengyl ar ei enaid yn Llangeitho, ac yno y dechreuodd bregethu. Aeth i fyw i ardal Brynengan, gan gydweithio llawer â Robert Jones. Ar ôl priodi yn 1785 symudodd i fyw i Lanidloes, ac yno, wyth mlynedd yn ddiweddarach, y bu farw. Gweler *MLlE*, t. 108-110. '... coffau am John Pierce, gynt o Sîr Gaernarfon, yr hwn a fu ddefnyddiol i ddwyn ymlaen yr achos goreu; yr oedd ei ddoniau yn fendithiol iawn, yn enwedig yn cadw y cymdeithasau neilltuol. Yr oedd ei weinidogaeth gyhoeddus hefyd yn dra derbyniol trwy yr holl eglwysi. Nid oedd ei dymer naturiol yn gysurus iddo ei hun nac i eraill chwaith, o herwydd ei fod yn ddarostyngedig i'r prudd-glwyf. Ond er cael ei lwybr yn ddreiniog, diangodd yn y diwedd i'r orphwysfa lonydd.'- *DA*, t. 175.

81. *Robert Jones o Ros-lan:* 1745-1829. Ganed yn y Suntur, Llanystumdwy. Priododd â Modlen, wyres Francis Evans, Cae'r Tyddyn, Llangybi, y gŵr a geisiodd gan Jenkin Morgan a Howel Harris ymweld â Sir Gaernarfon. Bu'n gyfrwng (drwy gerdded bob cam i'w chartref) i berswadio Madam Bevan i sefydlu Ysgolion Cylchynol yn Sir Gaernarfon. Dechreuodd bregethu tua 1768. Symudodd i Dŷ Bwlcyn, Dinas, Llŷn, ac oddi yno i Dŷ Capel Dinas. Yno bu farw, ac fe'i claddwyd yn Llaniestyn. Un o'r gwŷr cyfoethocaf ei ddylanwad ar Fethodistiaeth Sir Gaernarfon, ac awdur y clasur *Drych yr Amseroedd*, Trefriw, 1820, lle mae'n traethu 'hanesiaeth am y pethau mwyaf nodedig a ddigwyddasant yn bennaf y'ngwynedd, yn y ddwy ganrif ddiweddaf, mewn perthynas i grefydd.' Gweler Rhagymadrodd G.M. Ashton i argraffiad Gwasg Prifysgol Cymru o'r *Drych* yn 1958, a 'Robert Jones, Rhos-lan: Yr Hanesydd' gan J. E. Caerwyn Williams, *Trafodion Cymdeithas Hanes Sir Gaernarfon*, 1963.

82. *Griffith Edwards*, Llandrillo, ('G----th E----s' sydd yn *Trysorfa* Llyfr II, t. 276), un o arloeswr Methodistiaeth Edeyrnion, gŵr a erlidiwyd yn greulon am ei ffydd, ac un o'r tlotaf o'r tlodion. Am ddisgrifiad o'r ymosodiad ar ei gartref gweler *MC*, Cyfrol I, Wrecsam, 1851, tt. 553-4. Gweler ymhellach *MDM*, tt. 281-83.

83. *Evan Moses:* Gweler nodyn rhif 24 uchod.

84. *Thomas Pritchard, Tŷ Gwyn,* ger Llangefni. Am ragor o fanylion gweler *MM*, t. 19 a 20 a *MFM*, tt. 13-16.

85. *Howel Thomas, Trefollwyn:* Ganed 1698. 'Archollwyd yn ei ben nes bod ei waed yn llifo wrth achub Benjamin Thomas rhag ergyd front ffon â blaen haearn arni.' Am ragor o fanylion gweler

MFM, t. 37. Cofrestrodd ei dŷ i bregethu ar gyfer pregethu. Gweler hefyd sylwadau yn *WPC*.

86. *Harri Thomas:* Bwlch y Fen, Ganed 1701. Croesawodd Howel Harris i'w dŷ, 26 Hydref 1747.-*MFM*, t. !4. Cofrestrodd yntau ei dŷ ar gyfer pregethu. Gweler hefyd sylwadau yn *WPC*.

87. *Thomas Thomas:* Pen yr Allt, Plwyf yr Hen Eglwys, (Cerrig Ceinwen) ganed 1703, - *MFM*, t. 14. Caniatawyd Llythyr Gweinyddiad i 'William Thomas, of the Parish of Llanddyfnan, Yeoman, lawfull Brother, Rhees Roberts, Llangristiolus, Yeoman, a Robert Evans, Amlwch, Labourer,'ar 10 Mai 1754. - Papurau Gweinyddiad Thomas ap Thomas, Cerrigceinwen, LlGC. Gweler hefyd sylwadau yn *WPC*.

88. *eu chwaer:* Ann, Ganed 1707. Parhaodd i fyw yn y Tŷ Gwyn. - *MFM*, t. 14. Bu farw o flaen ei brodyr.

89. *William Thomas Owen:* (*neu* William Siôn Owen), Fagwyr, plwyf Llanddyfnan, Tŷ Mawr, Llantrisant. Enillwyd at Fethodistiaeth trwy un o feibion y Tŷ Gwyn. - *MM*, t. 62. Gweler hefyd sylwadau yn *WPC*.

90. *Thomas William:* Pentref y Bwâu, Llandrygan, wedyn o Dyddyn Merddyn, Caergeiliog. 'Gŵr o dymer addfwyn ac enillgar.' - *MM*, t. 67. Disgrifir llyfr o gyfrifon eglwys Caergeiliog a gadwyd ganddo yn *CH*, XII, (Medi 1927), tt. 104-107.

91. *Elin Dreias:* [Dryhurst]. Adroddir iddi brofi tröedigaeth dan weinidogaeth Howel Harris, a bu am gyfnod yn Nhrefeca. - *MM*, t. 68. Yr oedd yn wyres i ŵr a ddaeth i Fôn yn amser Cromwell. - *MFM*, t. 68. [Tybed pa berthynas oedd hi i Annabella Dryhurst o Bentre Heulin, plwyf Llanbadrig, y gofynnwyd am Lythyr Gweinyddiad ei heiddo ym Mehefin 1775, ac un o'r tystion oedd Richard Broadhead, a ddaeth cyn troad y ganrif yn dad-yng-nghyfraith i John Elias?]

92. *William Prichard*, 1702-73, Anghydffurfiwr adnabyddus. Plas Penmynydd, Glasfryn Fawr, gynt. Daeth i Fôn yn 1742. 'Prif offeryn i ddwyn Methodistiaeth i Arfon a Mon, er y perthynai ef ei hun i enwad arall. Hoff oedd ganddo dduwiolion o bob enwad; ac eiddigeddai dros ledaeniad a phregethiad o'r gwirionedd megis y mae yn yr Iesu, ym mhob man, a chan bwy bynnag.' - *MC*, Cyfrol I, t. 111. Am ragor o fanylion gweler *BC*, *MFM*, tt. 26-35, *MLlE*, lle mae darlun o'i lofnod, ac astudiaeth drylwyr Dafydd Wyn Wiliam, *WPC*.

93. *Yn cael eu hargyhoeddi*: cymharer Richard Dafydd, Llangybi, *MLlE*, t. 19, a Siôn Rolant, Llanfair bach, - *MFM*, t. 36-7.

94. *hudolion:* Yr enw *hudol* gyda'r terfyniad lluosog *-ion*. 'Swynwr, dewin, cyfareddwr, consuriwr...' *GPC*.

95. *dymuned:* Atgof am yr hen derfyniad '-ed' yn ffurf amhersonol amser gorffennol y ferf. Gweler enghreifftiau gan D. Simon Evans yn *A Grammar of Middle Welsh*, Dulyn, 1976, tud. 126.

96. *Anterliwtiau*: Am ragor o fanylion ac enghreifftiau o lenyddiaeth wrth-Fethodistaidd, gweler *HMGC*, Cyfrol I, tt. 430-441; 'Dwy Gerdd i'r Methodistiaid,' *CH*, XXXIII, (Gorffennaf 1948), tt. 42-44. Canwyd yr hwyaf o'r cerddi gan John Edwards, Glyn Ceiriog, yn 1749; Dafydd Wyn Wiliam, *Y Cofiadur*, 50, (Mai 1985), 'Cerdd Robert Humphrey i'r Schismatiaid.' tt. 12-17. 'Ymddengys fod llenyddiaeth wrth-Fethodistaidd ym Môn yn fwy lluosog nag y dybir,' [sic]; E. G. Millward, 'Rhai Agweddau ar Lenyddiaeth Wrth-Fethodistaidd y Ddeunawfed Ganrif,' *CH*, LX, (Mawrth a Hydref 1975), tt. 1-9, a 52-59. Cyfeirir yn y Rhagarweiniad at 'Ymweliad Howel

Harris â'r Bala, 1741,' *CH*, LX, (Mawrth 1976), tt. 82-86. Edrycher hefyd ar y cyfeiriadau yn 'Llenyddiaeth Wrth-Fethodistaidd,' *CH*, V, (Rhagfyr 1920), tt. 62-64.

97. *Mr Ellis, Ciwrad Caergybi*: Thomas Ellis, (1711/12-1792), Gŵr o Sir y Fflint a addysgwyd yn Rhydychen. Penodwyd yn gurad Caergybi gan ei goleg yn 1737. Cefnogai Ysgolion Cylchynol Griffith Jones, ond gwnaeth bob ymdrech i leihau a dileu'r cyswllt rhwng yr ysgolion hyn â Methodistiaeth. Yr oedd yn un o hyrwyddwyr argraffiad SPCK o'r Beibl Cymraeg yn 1746. Cyhoeddodd *Byrr grynhôad eglur o'r Grefydd Gristianogol ynghyd a gair o gynghor ag addysg mewn perthynas i'r Schismaticiaid sy'n ymneillduo oddiwrth Eglwys Loegr*, Dulyn, 1747, ac ef a gyfieithodd *A Word to a Methodist*, John Wesley, yn 1748. Gweler *BC* a *Y Cofiadur*, 49, (Mai 1984), t. 14.

98. *William Bwcle*: William Bulkeley, (1691-1760), Brynddu, Llanfechell. 'Dyn piwus, direidus, llawn pryfôc,... annhebyg fod iddo ddim cydymdeimlad â'r Methodistiaid, a mwy annhebyg iddo ysgrifennu pamffled i amddiffyn eu golygiadau; ond gellir meddwl amdano yn cael llawer o hwyl am ben ysweiniaid a chlerigwyr drwy gogio bod yn Fethodus.' Dr. Thomas Richards, *BC*. Arwyddwyd *codicil* ei ewyllys gan 'Hugh Parry, Vicar of Llanbadrig,' 'Tom Jones, 'curate of Llanvechell,' a 'Wm Griffith, Schoolmaster at Llanfechell,' ar 12 Gorffennaf 1760. Gweler ymhellach astudiaeth o'i ddyddiaduron yn G. Nesta Evans, *Religion and Politics in Mid-Eighteenth Century Anglesey*, Caerdydd, 1953.

99. *deifr:* Hen luosog 'dŵr.' *GPC*.

100. *ymlafnio:* ymdrechu.

101. *labio:* ergydio, ... curo, taro. *GPC*.

102. *yn feichiog cyn mynd i'r llan*: Am drafodaeth o'r broblem hon ynghyd â phlant anghyfreithlon mewn un rhan o'r Gymru wledig, gweler Alwyn D. Rees, *Life in a Welsh Countryside*, Caerdydd, 1951, tt. 86-90.

103. *Claddedigaeth (Gwylnosau):* Yn ôl ei ddyddiadur (Llawysgrif Bangor 2430) arferai Robert Jones, Rhos-lan, gadw Gwylnosau: e.e. 28 Gorffennaf 1809 yr oedd mewn tŷ o'r enw Porthgwylan, yn pregethu yng ngwylnos John Evan ar y testun Rhufeiniaid 8:10, a thrachefn 13 Ionawr 1812 yng Ngefail y Garn lle pregethodd ar Job 30:23, ond ni chofnododd angladd pwy ydoedd. Gweler hefyd 'Yr Wylnos' yn Hugh Evans, *Cwm Eithin*, Lerpwl, 1931, tt. 161-62.

104. *Dieithriaid o'r Deheudir:* Richard William Dafydd, o Landyfaelog, Sir Gaerfyrddin, a brawd Dafydd William Dafydd. Bu'n byw am gyfnod yn Abertawe. Ni bu'r berthynas rhyngddo a'r Sasiwn bob amser yn esmwyth, eithr gweithiodd lawer yng Ngorseinion, Sir Forgannwg, a Phenbre, Sir Gaerfyrddin. Bu'r berthynas rhyngddo â Harris hefyd yn gymhleth: ochri gydag ef ar ddechrau'r Ymraniad, a chefnu arno'n ddiweddarach, *HMGC*, Cyfrol I, t. 247. Am ragor o fanylion am ei daith ym Môn a'r erlid a ddioddefodd yn Llanfechell, gweler *MFM*, t. 18-25.

105. *Richard Thomas*, (1718-1807). Cigydd o Lanfechell. 'Y gwr a fu'n brif offeryn i gychwyn Methodistiaeth ym Môn....Argyhoeddwyd ef pan yr oedd ar ffo yn y dechreuodd bregethu; ac y mae agos yn sicr mai efe oedd y "Richard Thomas" y ceir ei enw ymhlith y "Cynghorwyr" yn hanes y Gymdeithasfa gyntaf, ... Watford ... 1743. Mae yn fy meddiant lythyr maith a rhagorol oddiwrth y gwr hwn at Howell Harris, yn mynegi ei fwriad i ddychwelyd i Fôn i bregethu yr Efengyl i'w hen sir dywyll, ac yn gofyn am gynghorion gan ei 'dad enwog yn y ffydd.' Dyddiad y llythyr hwn yw Gorff 21ain, 1746...' Allan o *Hanes yr Achos ym Môn* a gyflwynwyd gan y Parchg. Ddr John Williams, Brynsiencyn, i'r Gymdeithasfa a gyfarfu ym Mhorthaethwy, Ebrill

1919, dyfynedig yn *CH*, IV, (Mehefin 1919), t.99. Am ragor o fanylion gweler Robert Lewis (Llandegfan), 'Richard Thomas, Un o'r Cynghorwyr Bore a Phregethwr Cyntaf Môn,' *CH*, XIII, (Medi 1928), tt. 101-111, sy'n argraffu testun y llythyr uchod yn ogystal ag un cynharach, dyddiedig 25 Mai 1743. Hefyd, gweler *MFM*, tt. 40-43. Mae Robert Jones yn adrodd yr un hanes yn *DA*, t. 182. Ond sylwer hefyd ar erthygl D. Ward Williams, 'Ai Richard Thomas oedd pregethwr cyntaf Môn?' *CH*, XIV, (Mawrth 1929) t. 18.

106. *echwynwyr:* benthycwyr arian. Y sawl yr oedd Richard Thomas yn ddyledus iddynt.

107. *William Jones, Trefollwyn*, (1715-1781). 'Mr. J. o T---n' sydd yn *Trysorfa*, Cyf. II. t. 277. Un o wŷr amlycaf Methodistiaeth gynnar Môn, gŵr a groesawodd Howel Harris i'w dŷ ac a ohebodd ag ef, ond a wrthgiliodd mor llwyr nes nad ymddengys hyd yn oed ei enw yn *MM*. Awgryma William Griffith y gallasai'r gŵr hwn fod yn olygwr dros yr Ysgolion Cylchynol ym Môn. Am ragor o fanylion gweler Richard Mathews, 'Trefollwyn-Trefecca,' *CH*, XII, (Mawrth 1927), tt.28-36; *MFM*, tt. 90-94; 'William Jones, Trefollwyn, ac Antinomiaeth ym Môn,' *CH*; LI, (Mawrth 1966), tt. 1-10; a Dafydd Wyn William, 'William Jones, Trefollwyn, (1715 [?]-1781),' *CH*, LIV, (Mawrth 1969), tt. 2-10, hefyd *WPC*. Cyhoeddwyd pum llythyr oddi wrth William Jones at Howel Harris yn *CH*, XI, (Hydref 1926), 2 Gorffennaf 1747, 8 Hydref 1747, 22 Gorffennaf 1748, 17 Tachwedd 1748, a 23 Ionawr 1748/9.

108. *Esboniadau Mr Griffith Jones ar Gatecism Eglwys Loegr:* Dechreuodd esboniadau Griffith Jones ymddangos yn 1748, e.e. *Drych difynyddiaeth: neu hyfforddiad i wybodaeth jachusol o egwyddorjon a dyletswyddau crefydd*..., ac *Esponiad byr ar Gatecism yr Eglwys*, (1752).

109. *Hugh Griffith, Llanddaniel*: (Bu farw 1782). Gŵr o ardal Aberdaron. Ffodd o afael y *Pressgang*, a chael lloches gan William Prichard. Dechreuodd bregethu yn 1744. Ymddengys ei enw ymhlith tanysgrifwyr *Pum Pregeth* Daniel Rowland, Caerfyrddin, 1772. ' ... glynodd wrth y gorchwyl o gynghori ei gyd-bechaduriaid tra bu byw: ond nid oedd mor dderbyniol gan rai o herwydd fod ei dymerau naturiol yn lled boethlyd. Nid oes neb yn berffaith tu yma i'r bedd.' *DA*, t. 182. Bu'n offeryn dychweliad Michael Thomas, Garnan Wen, ac Owen Thomas Rowlands. - *MM*, tt. 50 a 55. Am ragor o fanylion gweler *MFM*, tt. 43-46.

110. *Richard Jones, Niwbwrch*: (Bu farw 1788). Dechreuodd bregethu yn 1748. 'Richard Jones, o Niwbwrch, a fu yn wresog yn ei gychwyniad, a chafodd ran o'r weinidogaeth; ond gwaelu wnaeth yn ei hen ddyddiau, er hyny nid llwyr adael crefydd.' *DA*, t. 182. 'Stiward cyntaf seiat Niwbwrch, mae'n debyg,' Derec Llwyd Morgan, *Pobl Pantycelyn*, Llandysul, 1986, t. 134.

111. *Evan Griffith, Chwaen Hen:* 'oedd a'i ymddygiad yn addas i'r efengyl, yn llafurus a siriol yn ngwaith yr Arglwydd: ond ni ddiangodd yn gwbl oddi wrth yr amryfusedd oedd yn y wlad yn ei ddyddiau, [Antinomiaeth].' *DA*, t. 183. '....pregethwr difrifol, pwyllog, a chymhwysiadol. ....y dyn mwyaf ei ddylanwad yn mhlith Methodistiaid Môn ar y pryd.' - *MM*, t. 51.

112. *Owen Thomas [Rolant]*, ganed 1733. Gŵr o Benrhos Lligwy, gof wrth ei alwedigaeth. Bu Siarl Marc, Llŷn, yn gyfrwng i'w argyhoeddi, 'Pan ddechreuodd bregethu, cefais fy aredig gan argyhoeddiadau saith mwy nag o'r blaen. Ar y gair hwnnw y pregethodd, "Am hynny yr annuwiolion ni safant yn y farn, na phechaduriaid yng nghynulleidfa y rhai cyfiawn." Bûm am flwyddyn yn crio ac yn llefain yn y moddion.' - *MFM*, tt. 60-61. '...yn nyddiau ei ieuengctyd oedd nodedig am bob oferedd a direidi; cafodd ddwys argyhoeddiad; ac os oedd efe o'r blaen yn amlwg mewn annuwioldeb, rhagorodd yn ol hyny ar lawer mewn duwioldeb...Bu'n ddefnyddiol iawn, yn enwedig yn nechrau'r Diwygiad: cafodd ddoniau addas i'r amseroedd tywyll hynny; yr oedd ei genadwri mor agos at eu deall; ac yn darlunio eu harferion halogedig mor eglur, pan na wyddent ddim y pryd hynny am ddeddf nag efengyl.' *DA*, tt. 182-183. 'Yr oedd ei weinidogaeth ddiaddurn

a dirodres yn gymwys i gyfarfod ag ansawdd tywyll ac isel ei wrandawyr. Pregethai yn agos at eu deall, a dinoethai eu hen arferion a champau ynfyd yn eu herchylldra, fel un yn adnabyddus iawn ohonynt, ac fel un ag oedd, bellach, yn eu gwir ffieiddio.' - *MC*, Cyfrol I, t. 113. Dechreuodd bregethu yn 1768. - *G*, t. 469.

113. *William Roberts, Amlwch*: Na chymysger y gŵr hwn â'r Parchedig William Roberts, (1784-1864), cyfyrder John Elias, gŵr merch Gwern Hywel, a hendaid Saunders Lewis. Bu'r William Roberts hwn 'yn was ufudd i'r eglwys yn ôl ei ddawn, yn gariadus a derbyniol gan ei frodyr trwy'r holl eglwysi.' *DA*, t. 182. 'Crydd. O ran ei dymer naturiol, yn wyllt a sydyn; ond yr oedd yn Gristion cywir a disglair. Pregethwr bychan,... ystyrid ef yn un o'r dynion mwyaf cywir ei amcan a geirwir ei air.' - *MM*, t. 55. 'Fe'i perchid am ei onestrwydd, ei gywirdeb a gloewder ei grefydd. Pregethai yn bur ddi-ddawn mae'n wir, - ond yn gymeradwy gan y saint.' Richard Williams, *Llyn y Fendith*, Amlwch, 1977.

114. *Michael Thomas, Garnan Wen:* '... o dymer fywiog a charuaidd. Pan ymosododd at waith y weinidogaeth, dyryswyd ef yn fuan i gryn raddau, gan y daliadau gŵyrgam oedd yn y wlad y dyddiau hyny: [Antinomiaeth], adferwyd ef yn gyfangwbl oddiwrthynt: a bu o hyny allan, tra y cynnaliwyd ei iechyd, yn ddiwyd a ffyddlon; gorphenodd ei daith yn nghanol ei ddyddiau.' *DA*, t. 184. Pregethodd yng nghapel Llanrhuddlad a bu'n gyfrwng tröedigaeth John Thomas, sylfaenydd yr Ysgol Sabothol ym Môn, a thad Thomas Jones, Amlwch, (1777-1847), y cyfieithydd. [A thad y Parchedig Rees Jones, y cenhadwr a'r athro a fu'n gymaint o symbyliad i Fethodistiaeth ym Mro Gŵyr.]- Bedwyr Lewis Jones, *Trafodion Cymdeithas Hynafiaethwyr a Naturiaethwyr Môn,* 1966, t. 103. Bu farw 18 Hydref 1784, yn 40 oed. - *G*, t. 469. Claddwyd yn hen fynwent Llanddaniel, yn yr un bedd â Hugh Griffith. - *MM*, t. 60. Am ragor o fanylion gweler *MFM*, tt. 46-47.

115. *William Lewis, Glasinfryn*: Yr oedd yn fyw pan ysgrifennai John Evans a Robert Jones. Ymddengys ei enw ymhlith tanysgrifwyr *Pum Pregeth*, Daniel Rowland, Caerfyrddin, 1772. Am ragor o fanylion gweler *MM*, tt. 57-59. Bu farw 30 Rhagfyr 1824 yn 82 oed. - *G*, t. 469.

116. *Hugh Thomas o Lŷn,* sef 'Huw Tŷ Chwain.' 'Gellir dywedyd am dano, er na chyfranwyd iddo ond gradd fechan o wybodaeth a doniau, i lefaru yn gyhoeddus: eto yr oedd ei gydwybod yn dyner a'i holl galon yn erbyn pechod, ac yn ddoniol [dawnus] a gafaelgar mewn gweddi.' *DA*, t. 186-187. Bu farw'n dlawd ym mis Ebrill 1786. Am ragor o fanylion gweler *MLlE*, tt. 43-44.

117. *Cyfarfod blynyddol:* Dechreuad Sasiwn Môn, chwe blynedd a deugain o flynyddoedd cyn 1813, sef tua 1767. 'Y Gymdeithasiad gyntaf yn Mon a gynnaliwyd yn y Mynydd mwyn, gerllaw Llanerchymedd; yr oedd Mr. Thomas Foulks, a John Evans, o'r Bala, ynddi.' *DA*, t. 163.

118. *na lefys:* Y geiryn negyddol *na* gyda thrydydd person unigol presennol mynegol y ferf *llafasaf*, etc. Yr ystyr yn ôl *GPC* yw 'beiddio, rhyfygu, mentro, anturio.' Ni nodir y ffurf hon, ac mae'r unig enghraifft a grybwyllir o'r ferf ym Meibl 1588 i'w weld yn 2 Esdras 13:8 ac mae hyn yn awgrymu nad yw'n bresennol yn y llyfrau canonaidd. Mae hyn yn codi'r cwestiwn diddorol o sut y daeth y gair yn rhan o gynhysgaeth ddiwylliannol Jane Owens.

119. *dymuned:* 'dymynad' yw'r gwreiddiol. Ffurf arall ar *dymuno* yn ôl *GPC* lle nodir y 'Clywir y b[erf]e[nw] *dymuned* ar lafar yn Nyffryn Wysg.' Mae'r ffaith fod Jane Owens yn defnyddio'r ffurf ddwywaith o fewn ychydig frawddegau i'w gilydd yn awgrymu defnydd ohono yn Sir Gaernarfon yn ogystal.

120. *my Lady:* Selina, Iarlles Huntingdon (1707-91). Ymunodd â'r Methodistiaid yn 1739, ac oherwydd ei safle cymdeithasol a'i sêl grefyddol daeth yn ddylanwad o bwys. Cefnogai adain

Galfinaidd y Diwygiad yn Lloegr a bu'n noddwr hael i'r Parchedig George Whitefield. Sefydlodd goleg yn Nhrefeca yn 1768. Am fanylion pellach ac asesiad diweddar gweler ysgrif Peter J. Lineham yn *The Blackwell Dictionary of Evangelical Biography 1730-1860*, Rhydychen, 1995.

Llyfryddiaeth

(a) Ymdriniaethau cyfoedion John Evans

Cadwaladyr, Dafydd, *Marwnad er Coffadwriaeth am y diweddar Mr. John Evans, o'r Bala,* Bala, 1817.

Lloyd, Simon, 'Cofiant byrr am John Evans, o'r Bala, a hunodd yn yr Arglwydd Awst 12, 1817,' *Y Drysorfa,* 1819, tt. 65-70 a 97-101.

(b) Erthyglau

Jenkins, R. T., 'Evans, John (1723-1817) o'r Bala,' *BC,* t. 226.

Jones, Lewis, ac Edwards, Roger, (?), 'John Evans o'r Bala,' *Traethodydd,* 1849, tt. 86-108.

Thomas, Edward, 'John Evans o'r Bala', *Y Traethodydd,* 1924.

Tibbott, Gildas, 'John Evans, y Bala,'*CH,* XLVI, (1961).

'Evans, John, Bala,' *Y Gwyddoniadur Cymreig*, Cyfrol IV, Dinbych, tt. 551-560.

(c) Llyfrau

Jenkins, D. E., *The Rev. Thomas Charles B.A. of Bala*, Tair Cyfrol, Dinbych, 1908.

Defnyddier y Mynegai i ddod o hyd i'r cyfeiriadau at John Evans.

Jenkins, R.T. *Hanes Cynulleidfa Hen Gapel Llanuwchllyn,* Bala, 1937.

Anhepgorol am hanes cynnar Ymneilltuwyr Penllyn, y cysylltiad rhwng y Bala a Llanuwchllyn, a rhwng yr Annibynwyr a'r Methodistiaid.

Jones, John Morgan, a Morgan, William, *Y Tadau Methodistaidd,* Cyfrol II. Abertawe, 1897, tt. 20-33.

Pennod o hanes John Evans ynghyd â nifer o Gynghorwyr cynnar y Bala.

Roberts, D. Francis. a Rhiannon, *Capel Tegid, y Bala, Dau-canmlwyddiant 1757 - 1957, Y Bala.*

Dyma'r gwaith safonol ar hanes Methodistiaeth y Bala.

Williams, William, (Glyndyfrdwy), *Methodistiaeth Dwyrain Meirionydd*, Bala, 1902.

Digon defnyddiol, ond y mae angen gofal yma ac acw.

Mynegai